本书得到山东女子学院"全球生产网络中中国出口产品增加值演变路径研究"（2013RCYJ07）项目资助

中国高科技制造品出口主要影响因素研究

苏崇华 著

中国社会科学出版社

图书在版编目（CIP）数据

中国高科技制造品出口主要影响因素研究/苏崇华著．—北京：
中国社会科学出版社，2015.6
ISBN 978 – 7 – 5161 – 6336 – 8

Ⅰ.①中…　Ⅱ.①苏…　Ⅲ.①高技术产品—出口产品—影响
因素—研究—中国　Ⅳ.①F752.67

中国版本图书馆 CIP 数据核字(2015)第 118513 号

出 版 人	赵剑英
责任编辑	卢小生
责任校对	周晓东
责任印制	王　超
出　　版	中国社会科学出版社
社　　址	北京鼓楼西大街甲 158 号
邮　　编	100720
网　　址	http：//www. csspw. cn
发 行 部	010 – 84083685
门 市 部	010 – 84029450
经　　销	新华书店及其他书店
印刷装订	北京市大兴区新魏印刷厂
版　　次	2015 年 6 月第 1 版
印　　次	2015 年 6 月第 1 次印刷
开　　本	710×1000　1/16
印　　张	11
插　　页	2
字　　数	186 千字
定　　价	40.00 元

前　言

　　本书是笔者在国际贸易学领域进行探索并总结经验的基础上写成的。本书在写作过程中，得到了南开大学经济学院朱彤教授的悉心指导，朱教授的建议对本书的最终完成起到了重要作用。笔者撰写本书的意图是想尝试将近年来对中国制造品出口领域观察到的一系列经济现象做一解释。本书从出口产品技术含量、出口产品增加值和汇率传递程度三个角度，对中国高科技制造品出口的主要影响因素展开系统分析。本书适用于从事经济学领域教学与研究的学者参阅及交流。

　　本书在编写过程中，参考和借鉴了大量的国外文献，值此出版之际，特向这些作者表示诚挚的感谢！同时，为中国社会科学出版社的相关工作人员对本书出版给予的大力支持，在此一并深表谢意！

　　由于水平有限，书中难免有错误和疏漏之处，恳请读者给予批评指正，以便进一步改进和完善。当然，文责自负。

摘　要

本书从出口产品技术含量、出口产品增加值和汇率传递程度三个角度，对中国高科技制造品出口的主要影响因素进行理论分析及实证检验，发现：

第一，中国制造品出口篮子技术含量以比美国及日本更快的速率上升，各国制造品出口商品篮子技术含量对其产出及各类制造品技术含量对其出口均存在显著正向的促进作用。制造品技术含量与人均国内生产总值有正向联系，而且中国制造品的技术含量远超其人均国内生产总值相应的技术含量值。中国各类高科技制造品的比较优势与竞争力均获得了较大提升，在中国高科技制造品总出口中，出口份额最大的也是技术含量最高的几类产品。

第二，生产分担而非对各目的国的出口产品组成是决定中国高科技制造品双边出口增加值含量变化的主要因素。出口国国内生产总值、人均国内生产总值、汇率、法律规则、贸易基础设施、贸易协定与亚洲虚拟变量均对中、美两国高科技制造品零部件贸易产生显著影响，贸易国地理距离及各国单位劳动力成本对中国起着显著阻碍作用，而这两个因素对美国的影响则不显著。

第三，汇率对出口产品价格存在不完全传递，传递程度依赖汇率的集约边际效应和广延边际效应两种力量的大小。在不区分国家、使用全部样本国数据的情况下，汇率对高科技制造品出口价格存在较高程度的传递。对各样本国分别进行检验得出，除美国由于美元持续贬值，致使其汇率存在较高程度的传递外，其余单个样本国均表现出明显的不完全传递。

Abstract

From the perspective of exports' technology contents, value added and the extents of exchange rate pass – through, we analyze the main factors having impacted on China's high – tech manufactured exports theoretically and empirically. And find out that, firstly, the technology contents of manufactured exports basket (TCI) in China has been rising at a higher rate than in the USA and Japan. Not only do TCI play a positive role on manufactured outputs significantly, but the productivity of each kind of manufactured products on its export as well. There is a positive relationship between TCI and per capita GDP, and China has a higher TCI which corresponding to its per capita GDP. Comparative advantage and competitive of all kinds of China's high – tech manufactured products have been improved, and it is the kinds of products with the largest share of exports that is the ones with the highest technology contents. Secondly, the main factor deciding the change of value – added contents of bilateral high – tech manufactured exports is production sharing rather than the composition of products exporting to destination countries. Trade in high – tech manufactured parts between the US and China has been impacted significantly by those factors such as GDP, per capita GDP, exchange rate, law rules, infrastructure, trade agreements of exporting countries and the dummy variables of Asian. Both geographical distance between trade partners and each country's unit labor cost play a significant impediment to China rather than to the US. Thirdly, there is incomplete pass – through to exports price for exchange rate, and the extents of pass – through depends on comparison of intensive and extensive margin effects of exchange rate. Under the condition of using all sample countries' data without distinguishing between countries, there is a higher extents of pass – through for exchange rate to exports price, while testing on the sample country respectively and concluded that the rest of the single sample countries show a marked incomplete pass – through except the US with a higher degree of pass – through due to the dollar dropping in value.

目　录

图 目 录

表 目 录

导　论

第一节　问题的提出及选题的意义

一　问题的提出

自改革开放以来，中国的货物贸易总量不断扩张，贸易顺差不断增加。与此同时，按照传统分类方法考察的中国贸易结构也出现了显著转变：初级产品占中国总出口的比重不断下降，制成品在 20 世纪 90 年代以来就已经成为中国出口的主导产品。同时，中国的高新技术产品和机电产品出口所占比重不断上升。这两类产品通常被认为具有更高的资本技术密集度，它们出口比重的不断上升已经成为中国贸易结构不断优化的主要标志。因此，研究中国高科技制造品出口的影响因素已成为一个急需解决的理论与现实课题。

同时我们也注意到这一事实，在中国的高新技术产品出口中，加工贸易对高新技术产品出口的贡献率很高，其中 75% 以上的出口来自进料加工贸易，10% 以上的出口来自来料加工贸易，一般贸易所占比重很小。上述情况与高新技术产品目前的分工特点以及中国的要素禀赋状况密切相关。在生产全球化的背景下，跨国公司日益在全球范围内寻求资源的最佳配置，不仅是传统的劳动密集型产业，而且更多地包括高新技术产业，如电子及通信设备业等劳动密集型环节在内的海外转移都是势所必然。包括中国在内的发展中国家凭借低成本的比较优势，通过加工贸易形式充分地参与了这类产品的国际分工。据统计，世界上 45% 的电子产品的出口来自发展中国家（Lall et al.，2004），这反映了发展中国家在当前国际分工中的充分参与，但并不意味着这些国家的贸易结构就一定高级。中国的情况也是如此。例如，中国高科技产品出口产品 90% 由外资公司生产，中国只不过是对进口元器件进行组装而已。比如，一部苹果手机，组装完成后从中国运抵美国，被计算进中国的高科技出口额，而与美国无关。也就是说，中国出口的这些"高科技"产品绝大多数依然只是"中国制造"，而不是"中国创造"，国内含量并不高。

在当前以跨国公司为载体，一些产品价值链的不同环节可被分割的国际分工背景下，仅用传统的产品分类方法难以细致地描述中国制造品贸易结构中的技术含量以及实际参与国际分工的状况。因而，现实中日益需要新的有关贸易品技术含量的分析方法，用于判定中国制造品贸易的技术含量总体上处于怎样的状况。

中国出口商品篮子的技术含量与人均收入水平三倍于中国的国家相当（Rodrik，2006），而且中国将继续实行并加强这种着重发展高技术含量产品生产并出口的产业政策和贸易模式。在中国高技术制造品出口中，中间品贸易占据了相当大的比例。在将跨境生产联系起来的过程中，这种中间投入品贸易的测量方面创造了两个独特的挑战：

首先，传统的总贸易统计等于每一贸易国国境内的商品总值，而非跨境净贸易增加值。这种著名的"双重计算"问题意味着传统数据高估了出口的国内（增加值）含量。

其次，多国生产网络意味着，中间品可由间接渠道到达其最终目的地。比如，中国的中间品在韩国组装成最终产品，出口到美国，则韩国的双边总出口会体现第三方（中国）含量。两者加总，意味着存在一个以总贸易为基础的、隐含的增加值贸易结构。因此，这就需要我们从出口增加值的角度，分析中国高科技制造品出口的影响因素。

作为全球生产网络中一环的中国高科技制造品贸易，不可避免地受到外部环境的冲击，尤其是直接受国际金融市场的影响。目前，世界上大多数经济体实行浮动汇率制度，汇率变动对中国高科技制造品贸易影响的程度，尤其是汇率调整对中国高科技制造品出口价格的传递情况是中国制定高科技制造品贸易政策和发展战略的重要理论依据。

因此，本书从制造品出口技术含量、出口增加值及汇率对出口产品价格的影响程度三方面研究中国高科技制造品的主要影响因素。

二 选题意义

中国高科技制造品出口在中国对外贸易中占据越来越重要的地位，因此，研究中国高科技制造品出口的主要影响因素，对促进中国工业现代化及保证经济持续稳定增长具有重要的理论与现实意义。

（一）对中国制造品技术含量的研究是对中国出口结构调整和产业升级结果的衡量

在中国出口商品篮子中，劳动密集型产品（如玩具、服装及简单的电子配件）的出口曾发挥了重要作用，随着经济的发展，中国不是简单地根据比较优势进行专业化生产并出口，同时也出口大量高技术复杂度的产品。中国出口商品篮子的技术含量与人均收入水平三倍于中国的国家相当，而且中国将继续实行并加强这种着重发展高技术含量产品生产并出口的产业政策和贸易模式，而这种发展道路并不符合中国目前的比较优势及要素禀赋（Rodrik，2006）。显然，这种出口模式已对中国的经济增长做出了重要贡献。中国的经验表明，对经济增长起关键作用的不在于出口数量的多少，而在于出口商品的结构。鉴于制造品出口在中国经济中的重要地位，有效地度量制造品出口产品的技术水平，探讨其对制造品产出、出口乃至整个经济增长的作用机制有着重要的政策意义。

（二）从出口增加值含量的角度研究中国高技术制造品的主要影响因素，不仅能够真实反映中国出口的国内含量，避免总贸易统计对贸易增加值及增加值余额的高估，而且有助于深刻了解中国高技术制造品中间投入的经济效益及出口产品的增长质量，对制定相关贸易政策有重要理论依据

目前，基于新型国际分工体系的世界贸易的性质已经发生了重大转变，大量的国际贸易标的物由中间产品构成。如果我们将国际化产品的生产过程看作一系列的有序活动，那么发生在从原材料到最终产品之间的贸易形态就是中间产品贸易。传统的总贸易统计等于每一贸易国境内的商品总值，而不是其跨境净增加值。这意味着，传统数据高估了出口的国内（增加值）含量。中国的制造品贸易在其总贸易中占据着越来越重要的地位，其制造品出口占其总出口的比例由1992年的约79.5%，增长到2011年的约94.6%。制造业内中间产品贸易也经历了快速发展，2008年中国制造品加工出口占其总出口的比例为49.8%，其中，高科技制造品加工出口占其总出口的比例高达64.7%。因此，从出口增加值的角度，分析制造品及高科技制造品的主要影响因素有重要的理论与现实意义。

本书分别使用增加值贸易项与总贸易项对中国高科技制造品双边贸易进行测量，发现结果因贸易伙伴国不同而迥异。这种差距主要源于两个方面：

　　首先，体现在中间产品贸易中的双边（前向与后向）跨境生产链中的生产分担意味着，相对于总贸易，增加值贸易的规模被缩小。

　　其次，多边（三边）生产分担通过加工中间品的国家引起了间接贸易。因此，导致中国与贸易伙伴国高科技制造品双边贸易不平衡分别使用增加值项与总贸易项进行测量时常有不同。而且，对中国与贸易伙伴国高科技制造品双边贸易增加值含量的差异进行分解的结果显示，全球或区域生产链中的生产分担联系，而非对各目的国出口组成的不同是造成这种差异的主要原因。从而对制定促进中国高技术制造业中间产品贸易的政策措施提供了理论指导。产品增加值对中间投入的比例反映了中间产品的经济效益，或者说反映了产品的增长质量。因此，对中国高科技制造品增加值含量的分析，有助于理解与把握中国高科技制造品中间投入经济效益及出口产品增长质量的现状及其发展趋势。

　　（三）对中国高技术制造业中间产品贸易决定因素进行分析，对促进各国贸易互补、降低贸易成本，从而推动中国高技术制造品贸易的发展有重要的理论与实践意义

　　过去几十年里，制造业垂直一体化生产过程的跨境生产分担已是经济全球化的一个重要方面。受利用发展中国家相对廉价劳动力的想法所驱使，分散各地的相关生产活动已成为近年来推动发达和发展中国家中间品贸易迅速发展的主要动力（Egger and Egger，2005；Gorg，2000）。这与新古典贸易理论模型的预期相符合（Jones and Kierzkowski，1990），许多分析也指出，基础设施水平、法律制度、技术和管理技能等因素也有同样重要性（e. g.，Grossman and Helpman，2005）。因此，研究中国高科技制造品生产分担的决定因素，也即中国高科技制造业中间产品贸易的决定因素，为促进中国高科技制造业中间品贸易的发展提出了课题。

　　（四）研究汇率对中国高科技制造品出口价格的不完全传递是研究全球生产网络中金融领域因素对中国高科技制造品贸易影响的必备环节

　　许多文献记载，出口商品的国外价格对汇率变动反应很低。对这种价格不敏感的可能解释之一是，对于汇率变动的反应，出口国市场的企业和产品均发生变化，这就是价格变动的扩展边际调整。将国际经济学中关于汇率传递的文献与有关出口及企业异质性的文献相结合，在理论与实证方面考察扩展边际调整在汇率对中国高科技制造品出口价格传递上的作用，是研究全球生产网络中虚拟经济对实体经济影响的必要环节。

中国自 2005 年实施建立健全以市场供求为基础的、有管理的浮动汇率制度以来，人民币总体上经历了持续升值，给中国外贸出口带来很大的不利影响。因此，研究汇率变动对中国高科技产品出口价格的传递效应具有重大的理论与现实指导意义。

第二节　本书的研究思路和结构安排

一　研究思路

本书从出口产品技术含量、出口增加值含量及汇率对出口价格的影响程度三方面，对影响中国高科技制造品出口的主要因素展开分析。在对中国高科技制造品技术含量的分析中，首先，对各样本国各类制造品技术含量（JFD）及各国制造品出口商品篮子技术含量（TCI）进行测度，并对各国制造品 TCI 的发展趋势进行分析与比较。其次，对各国制造品 TCI 对产出的作用及各类制造品 JFD 对出口的影响进行理论分析与实证检验。最后，对中国高科技制造品出口的技术含量进行系统分析与梳理。这一部分是从中国高科技制造品自身因素的角度探寻影响其出口的主要因素。

近年来，随着国际垂直专业化分工的不断深入，国际中间产品贸易蓬勃发展。制造品与高科技制造品内中间投入贸易也经历了快速发展。尤其是中国制造品与高科技制造品国际贸易中加工贸易占据了特别重要的地位。而且，传统的总贸易统计等于每一贸易国境内的商品总值，而不是其跨境净增加值。这一著名的"双重计算"问题意味着，传统的贸易统计数据高估了出口的国内（增加值）含量。因此，本书从出口增加值含量的角度，分析影响中国高科技制造品出口的主要因素。首先，对中国与各样本国高科技制造品双边贸易增加值含量进行测算，在此基础上，对中国与贸易伙伴国的双边贸易增加值含量、双边总贸易差额与双边贸易增加值差额进行比较分析。其次，对中国高科技制造品中间投入的经济效益展开分析，考察中间投入对增加值的贡献。再次，对中国高科技制造品双边出口增加值含量存在差异的因素进行分析，发现全球生产网络中跨境生产分担，而非出口组成的变化是导致双边增加值含量出现差异主要原因。而生产分担通过中间产品贸易得以实现。最后，对中国高科技制造品中间投入贸易的决定因素展开分析。这一部分的分析是考察影响中国高科技制造品出口的一个主要外部因素。

中国高科技制造品出口，参与全球生产网络的竞争，必然会受到外部各种经济因素的冲击，尤其是来自金融领域的影响。因此本书从汇率对出口价格传递程度的角度，分析中国高科技制造品的主要影响因素。这一部分的分析是考察影响中国高科技制造品出口的另一个主要外部因素。

基于以上分析，本书提出了促进中国高科技制造品出口的政策建议。

二 结构安排

根据以上研究思路，本书的研究大致分为六个部分。导言部分提出本书研究的背景、意义、研究思路、结构安排和创新之处。第一章和第五章分别为文献综述和结论，第二章到第四章为文章的主体部分。

第一章为文献综述。本书在有关产品出口的研究现状及主要影响因素两方面，从出口产品技术含量、出口增加值含量及汇率对出口价格的传递程度三个角度对已有相关文献进行梳理与回顾。

第二章到第四章为对中国高科技制造品出口主要影响因素的研究。

第二章为对中国高科技制造品出口技术含量的研究。本书首先测算得出样本国历年各类制造品技术含量（JFD）及各国制造品出口篮子技术含量（TCI）。其次，对各国制造品出口篮子 TCI 对制造品产出的作用及各类制造品 JFD 对出口的影响进行理论分析与实证检验。最后，对中国高科技制造品出口技术含量进行系统分析。通过这部分的研究，得出结论：中国实施的这种着力发展高技术含量制造品生产与出口的产业政策与贸易模式保证了中国制造业产出的持续提高及整个经济的长期高速增长。

第三章为从出口增加值含量的角度，对影响中国高科技制造品出口的主要影响因素进行研究。首先，测算了中国与各样本国高科技制造品双边贸易增加值含量，并对各样本国双边贸易增加值含量与贸易增加值余额进行比较分析。其次，对中国高科技制造品中间投入经济效益及出口产品增长质量进行分析。最后，考察了中国与各样本国双边贸易增加值含量出现差异的因素，发现跨境生产链中的生产分担是造成该差异的主要原因。而生产分担通过中间产品贸易得以实现。因此，进而对影响中国高科技制造品中间投入贸易的决定因素展开分析。这部分的研究考察影响中国高科技制造品的一个主要外部因素。

第四章为从汇率对出口产品价格传递程度的角度，对影响中国高科技制造品的主要因素展开分析。中国高科技制造品参与国际贸易，不可避免地受到外部各种经济因素的冲击，尤其是源自国际金融市场的影响。因此，本书通过分析汇率对中国高科技制造品出口价格的不完全传递，考察影响中国高科技制造品的另一个主要外部因素。

第五章对文章的主要结论进行总结，并提出相关的政策建议。

第三节　本书的创新点及有待研究之处

一　创新点

本书在对国际贸易理论进行梳理与借鉴的基础上，利用中国与OECD国家的样本数据，分别从出口产品技术含量、出口增加值含量及汇率对出口价格的传递程度三个方面，对影响中国高科技制造品出口的主要因素进行研究。本书的主要创新点包括以下几个方面：

从理论方面看，有以下创新点：

（1）本书从出口产品技术含量、出口增加值含量及汇率对出口价格的传递程度三个角度分析了影响中国高科技制造品出口的主要因素。具体而言，第一，根据内生增长理论及国际贸易引力模型，推导了产品技术含量对产出及出口的作用机制。第二，在标准引力模型的基础上，得出一修正的国际贸易引力模型，借以分析了影响中间产品贸易的主要因素。第三，借鉴查尼尼（Chaney，2008）、Ghironi和Melitz（2005），使用一个异质企业的国际贸易模型，分析了局部均衡状态下汇率对出口价格的不完全传递。

（2）构建了评价中间投入品经济效益及出口产品增长质量的指标——生产集约率与出口集约率。

从实证方面看，有以下创新点：

（1）测算了各类制造品的技术含量，并据此得出各国历年制造品出口商品篮子技术含量。

（2）测算了中国各类高科技制造品历年的比较优势指数和出口竞争力指数。测算了中国与各样本国各类高科技制造品技术含量及各国高科技制造品出口篮子技术含量。

（3）测算了衡量中国各类高科技制造品中间投入经济效益及出口产品增长质量的指标——生产集约率及出口集约率。

（4）测算了中国与各样本国制造品与高科技制造品双边投入产出表。在此基础上，测算了中国与各样本国制造品与高科技制造品双边出口增加值含量。

（5）使用中国与样本国高科技制造品产品层面的贸易数据，对由于扩展边际调整引起的汇率变动对中国高科技制造品出口价格的不完全传递进行验证。

二　有待研究之处

本书在中国高科技制造品增加值含量的研究中，由于篇幅所限，仅对双边增加值含量进行验证，且仅选取了十个样本国。对研究结论的普遍适用性及可信性产生一定影响。本书各部分的理论研究有待进一步向纵深扩展，以使文章更经得起推敲与考验。

第一章　文献综述

本书分别从出口产品技术含量、出口增加值含量及汇率对出口价格的传递程度三个角度对影响中国高科技制造品出口的主要因素进行研究。因此，对上述三方面相关已有文献的研究现状及影响因素分别进行梳理与回顾。

第一节　产品技术含量对出口的影响

一　对出口商品技术含量的研究

近几年来，许多研究设计了各种指标度量出口产品的技术水平，考察一国（尤其是中国）出口品技术水平的变化，并试图识别导致这种技术变迁的背后原因。豪斯曼等（Hausmann et al.）构建了产品技术复杂度指标和一国出口商品篮子生产率指标，将某种产品的技术复杂度指标设为一国人均收入的加权平均，使用每个国家显示性比较优势指数作为该商品的权重。一国出口商品篮子技术含量指标为出口产品技术复杂度的加权平均，权重为每种商品出口在该国商品总出口中的占比。罗德里克（Rodrik）认为，一国出口商品篮子的生产率水平与该国人均收入、人力资本、制度质量呈正相关。在控制了最初的收入水平以后，一国出口商品篮子的生产率水平与其经济增长呈正相关，并且这一结论在中国得到验证。樊纲等用显示技术附加值赋值原理作为识别贸易品技术附加值高低的理论基础，然后根据这一原理提供了具体的赋值方法，并提出了四种基于贸易品技术分布的贸易结构分析方法，并用上述方法分析了中国的对外贸易结构。他们认为，1995—2003 年中国的进口技术结构没有发生太大的变化，仍然是以进口高技术产品为主。但是，进口最多的不是技术附加值最高的产品，而是次高的产品（排在第 8 类和第 9 类的产品）。总体来看，中国进口相对较高技术的产品，出口相对较低技术产品的格局并没有发生根本性的变化。他们发现，一般认为，中国的对外贸易在中低技术水平上会受到东盟5国的竞争压力，在中高技术水平上会受到美日韩的竞争压力，但事实上，这些国家对中国的竞争压力都不够大，欧盟才是中国在中高技术领域的真正的竞争者。中国出口相对低技术产品，进口相对高技术产品的格局进一步得到确认；中国进口和出口的技术高度均在提高，而且出口的技术提高得比进口快；中国进口的技术高度没有达到美国和日本的出口技术高度，即中国还没有进口美国和日本出口的许多高技术产品；中国出口的技术高度没有达到世界平均水平，也没有达到美国和日本的进口技术高度。也就是说，尽管美国出口相对高技术产品，进口相对低技术产品，但是，中国的出口还达不到美国和日本进口的平均技术水平。中国高技术产品出口确实在增加，但远没有成为出口的主力军，中等技术产品才是中国目前出口中的最大组成部分。

杜修立、王国维提出一套分析经济体出口贸易的技术结构的新方法。通过国际比较，从多个方面分析了1980—2003年中国出口贸易的技术结构，他们认为，第一，中国出口产品大多是大类产品中的低端产品。第二，中国出口贸易的技术结构仍然偏低，与所有其他国家或经济体相比，中国出口的突出特点是中等和中低技术产品的出口占据最大的比例。第三，中国出口贸易的技术结构变化与众不同，1980年中国出口贸易的技术结构的一个特点是两头大、中间小，即高技术和中高技术产品出口份额大，低技术产品出口份额大，而中低和中等技术产品的出口份额小。与当时中国的资源禀赋结构严重不一致。改革开放以来，中国出口贸易的技术结构发生了重大变化，表现为中间增加，两端减少，即中低和中等技术产品的出口份额大幅增加，低技术产品出口份额大幅减少，同时中高技术和高技术产品的出口份额也明显下降，更加符合中国作为发展中国家的资源禀赋条件。第四，中国出口贸易的整体技术水平，不仅远远低于美国和世界的整体水平，而且研究期间的大部分年份一直低于发展中国家的整体水平。第五，中国出口贸易的技术结构高度没有明显的上升趋势，但技术结构高度变化趋势呈现出阶段性特征，而且技术结构内部发生了重大变化，逐步改变了中间小、两头大的格局。

杨汝岱、姚洋在豪斯曼等的基础上，重新定义贸易商品技术复杂度和一国出口产品技术含量，构建并测算112个国家（地区）在1965—2005

年间的有限赶超指数。韩国和中国台湾（地区）的历史经验以及中国和印度等国家的发展现状都表明，在发展较为成功的经济中，完全按照比较优势发展本国对外贸易的国家（地区）并不多见，而采取有限赶超的国家（地区）的发展速度较高。跨国回归分析也表明，有限赶超显著提高随后几年内人均 GDP 的增长速度，经历有限赶超的国家（地区）的经济增长速度要显著高于没有经历有限赶超的国家（地区）；但是，有限赶超在短时期内对经济发展绩效的影响要大于它的长期影响。而且，杨汝岱等基于许多指数，调查了中国出口产品的技术升级。他们认为，中国产品的技术含量可能经历了一个 V 形曲线的发展路径，即最初下降，后来又上升。中国出口产品采用了有限赶超策略，而不是仅仅遵循比较优势。

二 产品技术含量对产出与出口的影响

罗德里克的实证研究发现，在控制了最初的收入水平后，一国出口的生产率水平与其后续经济增长率有显著正向联系。因此，如果中国仅出口与其收入相当国家倾向出口的产品，中国的增长将明显降低。中国的出口生产率显著高于与其收入相应的水平。生产率对经济增长有强大作用，一旦一国投资者发现了许多高生产率的投资品，这将会引起强大的示范效应，其他投资者被吸引过来。当该部门及其供给者扩大时，将拉动经济资源从较低生产率的活动转向较高生产率的活动。这种由各部门不同生产率驱动的增长和结构变化是中国经济表现的基础。罗德里克的实证研究表明，中国的人均 GDP 与出口生产率有显著且正向联系。中国出口产品质量与竞争对手相比已提高，出口品生产率增长比人均 GDP 增长更加稳定，人均 GDP 正快速收敛于出口商品篮子的生产率水平。而且发现，在中国，随着各产业及各地区的劳动力向更高生产率出口品生产活动的移动，与一系列高技术复杂度的出口品生产相联系的生产率提高已蔓延到整个经济中。从出口产品生产率与收入的关系来看，中国 2003 年不如 1992 年更像一个离群者，表明中国经济增长已放缓。因此，长期生产率的增加只能由低生产率产品向高生产率产品的转换来实现。如果想要保持现在的发展速度，中国就要不断"发现"新产品销往世界市场。Sanjaya Lall（2000）研究了最近发展中国家制造品的出口方式，使用了一个对技术新的、详细的分类方法。他认为，路径依赖且很难改变的出口结构对增长和发展有深远的意义。低技术产品往往增长最慢，技术密集型产品增长最快。东亚主导了 70% 发展中国家制造品的出口。若不考虑学习过程和促进出口的政策，现有理论很难解释这一模式。

（一）产品技术在经济发展程度不同国家的影响

一种观点是技术对先进工业国的经济增长与贸易方式起重要作用。法格伯格（Fagerberg，1996）使用 OECD 国家的数据，考察了竞争力、规模和研发的关系。该分析基于 1985 年十个 OECD 国家 22 个产业的数据，结果表明，直接获得的研发资源，与通过购买资本品、中间产品间接获得的研发资源对本国竞争力均有显著正向影响。来自本国比来自外国的间接研发资源更有利于竞争力。平均来看，一个对研发的给定投资对出口的总影响是相同规模物质资本投资影响的两倍。对研发投资的影响在大国及研发密集型产业尤其高。对技术和竞争力关系的研究可追溯到 20 世纪 60 年代所谓的新技术贸易理论（技术差距、产品周期等，见 Dosi 和 Soete1988 年的概述）。这些理论被认为是试图克服国际贸易理论标准新古典方法的刚性。这些尝试大部分清晰或隐含地基于熊彼特对创新和扩散是企业竞争力（和普遍的经济增长）的驱动力的分析。这一传统文献的作者指出了研发和创新对贸易流动及不同国家和产业的重要性。由于这一问题首先由波斯纳（Posner，1961）、弗农（Vernon，1966）及其他经济学家引入，经济理论被修改较大。贸易理论学家开始应用来自非完全竞争市场模型的观点分析国际贸易和世界范围的竞争力（所谓"新贸易理论"，见赫尔普曼1984 年的概述）。在法格伯格（1996）的文献中，固定资本，如对研发的投资起到了重要作用（因为它们引起了规模经济）。因此，按照这一方法，研发投资可以是重要的竞争因素。在这一模型中，国内市场规模也起着重要作用。在一个以非完全竞争、规模经济与贸易成本为特点的世界中的可能结果是，在其他条件相同的情况下，各国对相对大的国内市场专业化生产产品，即所谓的"国内市场效应"（Krugman，1990）。而且，如果某些产业以规模经济为特点，而其他产业不是，人们可能预期，大国专业化于前者，小国专业化于后者。然而，正如 Melchior 所说，一般而言，对这些模型中贸易方式的预期非常依赖于每种情况下的特定假设。最近，增长理论学家开始将创新—扩散重要性的观点引入基于非完全竞争市场假设的正式的增长模型（所谓的"新增长理论"，参见格罗斯曼和赫尔普曼1995 年的概述）。这些模型也指出了研发对 GDP 和出口增长的重要性。尽管这一领域许多早期文献强调一个企业、产业或国家的研发作用的直接影响，新增长文献更多地关注扩散或"技术外溢"的影响。按照该方法，关键是技术外溢的边界。如果技术外溢（主要）发生在国内，大国将比小国从对新技术（研发）投资中受益更多。因此，按照该假设，大国在研发密集型活动中，应该被视为比小国更可能获得比较优势。有关"国内创新系统"的最新文献也已经强调各国研发和其他技术活动效率的差异（Lundvall et al.，1992；Nelson et al.，1993）。这些文献强调系统性创新、不同企业、产业和部门间相互作用的重要性及这一领域一个贯通国内系统的优势。一个相关观点是波特（Porter，1990），也强调了生产者和消费者（国内）及供给者间，即所谓"集群"或"集聚"间紧密联系或相互作用的潜在有益影响。这种现象也与关注规模经济的观点相一致，如国内产品和服务的供给者中的现象，见维纳布尔斯（Venables，1994）。所有这些方法均表明，对国内技术的高度依赖可以意味着一种竞争优势。

另一种观点是技术活动对发展中国家的比较优势不起作用。在赫克歇尔—俄林（Heckscher - Ohlin，H—O）的理论中，未出现技术和技能。生产函数在各国假定是相同的，技术在企业和国家中完全扩散。企业自动选择适合他们相对要素（资本—劳动）价格的技术。一旦他们做出正确选择（如发展中国家为劳动密集型技术），就会无延迟地、无须学习或努力地、有效地使用技术。由于技术被设定为是同质的，技术使用者自动达到"最佳实践者"的水平，只有当政府干预扭曲了要素价格或阻止了自由贸易时，才存在无效率的情况。新 H—O 理论将技术作为第三种生产要素并入（Keesing，1966）。继续假定技术市场是有效率的、无成本的且技术可以自动使用。发展中国家的优势在于低技能、劳动密集型的活动，他们在最佳实践中使用这些技术，无须特别的努力、延迟、学习或冒险。

一个新观点（Wood，1994）假设，资本可以完全移动，并且使比较优势依赖两个非移动要素——技能和自然资源。技术仍为被许可的，因此是不相关的要素，假定在各国间随着资本流动。技能被当作通用资源，由教育系统创造，一般用入学率或受教育年限测量。有效使用技术的可能性，需要和这些技术特定相关的技能和知识，通过长期经验和使用这些技术解决问题获得的技术被忽略。甚至基于技术（产品周期和其他新技术）的理论将其注意力集中于发达国家，并且忽视发展中国家的技术学习。他们设定比较优势依赖离散地改善产品或过程（或转换生产函数）的"创新"，因此，使用的测量方法与研发、专利或新产品采用相关（在一个半工业化国家的背景下有清晰的显露和验证参见 Courakis 和 Roque，1988，

1992）。使用现有技术或将其应用于本地环境（沿生产函数到达或移动）仍为自动且无成本的。当发展中国家成长和工资上涨时，他们的比较优势自动调整到新的要素价格配置：更富的发展中国家比更穷的发展中国家将使用更本国或技能密集型更高的技术（关于比较优势所处阶段的划分方法见巴拉萨，1979）。在这些模型中，国家通过为技术流入提供便利化，为贸易、许可证制度及外商直接投资开放经济使其竞争力最优化。战略或新贸易理论，尽管回避完全竞争假设，也主要关注先进国家。从要素禀赋中抽象出来，他们使用规模和集聚经济解释贸易方式（Krugman，1991）。他们主要关注的是工业化国家间的产业内贸易；在发展中国家，贸易主要发生在产业之间，并用传统的要素禀赋解释。在某些模型中，学习看上去为解释变量，但在长期中它采取规模经济的形式：被动的、自动的及可预见的，仅依赖生产量。它不提出政策问题，远离先发优势的可能性，一些经济学家也指出了存在的累积因果关系、外部性和路径依赖作为竞争力的决定因素（Venables，1996）。然而，这些应用于集聚中的因素，不包括技术学习。

（二）产品技术含量对出口的影响渠道

产品技术含量通过作为比较优势的决定因素促进产品出口。这方面的研究如拉尔（Lall，1998），他发现，发展中国家正快速增加其制造品贸易的份额，不仅在劳动力密集型产品方面，而且在资本和技能密集型产品方面，它们的份额在高技术领域增长得特别快。而且，制造品出口高度集中在发展中国家，而且少数几个国家控制了几乎所有形式的出口。在成功的出口国中，其出口的技术含量显著不同。这些趋势很难用现有的贸易理论解释，即使考虑人力资本和广泛的经济政策。但是，引入学习、规模经济、收益递增及集聚作为比较优势的决定因素非常有用。拉尔认为，比较优势更多地依赖掌握和使用技术的国内能力，而非一般意义上的要素禀赋。这也是新技术贸易理论的精髓。拉尔（2000）重点研究了制造品出口的技术结构（代表其质量）、数量及分布。他扩展了拉尔（1998）对发展中国家制造品出口的早期分析，使用了一个经修订的出口的技术分类。他分析了新兴模式的主要含义，并对出口增长的主要驱动力进行了简单分析，也得出了产品技术含量通过嵌入比较优势对出口产生影响。李嘉图·豪斯曼（Ricardo Hausmann et al.，2007）认为，一国的基本面——即其物质与人力资本、劳动力、自然资源及其制度的总体质量决定其相对成本和专业化的方式。试图超越由这些基本面设定的边界，重塑生产结构可能会失败并妨碍经济表现。虽然同意该观点，但他们提出了一个补充的论点，该观点强调专业化方式中的特质元素。尽管基本面起着重要作用，但一国生产或出口什么不能由基本面唯一地确定。该论点的关键所在，即驱动政策含义的核心是对经济表现的影响方面，并非所有产品是相似的。专业化于某些产品比另一些产品将带来更高的增长。产品技术含量高的产品往往具有更大的比较优势。在这种情况下，政府政策在塑造生产结构上起着潜在、重要且正向的作用，当然，假定它恰好针对市场失灵问题。

从事成本发现的企业活动推动了生产率提高，进而促进了出口的发展。一个新产业的比较优势是由最初进入者的成本发现活动决定的。高生产率的发现自然会吸引更多模仿者，并且一个经济社会贸易部门的生产率往往会收敛于迄今为止发现的最有效益（最有效率）的生产率水平。大的经济体有更多企业家从事成本发现活动，因此，在其他情况相同的条件下，在他们更高的贸易品部门有最大的生产率水平（Rodrik，2006）。豪斯曼和罗德里克（Hausmann and Rodrik，2003）研究框架的独到之处在于，在其产品空间中建立了一个特殊的等级结构，它既经得起实证检验，又决定了增长的影响。为了正式对这一过程建立模型，他们使用一种称作"成本发现"的机制，这在非多样化生产结构的发展中国家尤其重要。在发展中国家试图第一次生产产品的企业家必然面对相当大的成本不确定性。即使产品有标准技术，国内要素禀赋和制度现实也需要修补调整，以适应当地的情况（Evenson and Westphal，1995；Lall，2000）。企业家所做的有效工作是考察经济的基本成本结构。这一过程对其余的企业家有相当大的正外部性。如果计划成功，其余企业家认识到，生产考察中的产品可能有利可图，并模仿现任生产者。照此下去，对成本发现的最先投资者的回报变成了社会性的。如果现任投资者以失败告终，则损失留给私人。这种知识外部性意味着成本发现方面的投资水平是次优的，除非企业或政府发现某种方式，将外部性内部化。在这种情况下，经济社会中生产和出口的产品范围不仅仅是由通常的基本面决定的，也由经济部门中从事成本发现的企业家数量决定。当成本发现越多，该活动导致的生产率越高、世界市场越大。近年来，贸易理论强调成本不确定性和企业层面的异质性，用以对国际贸易提供一个更好的解释（Bernard，Eaton，Jensen and Kortum，2003；Melitz and Ottaviano，2005）。

（三）影响国际贸易的其他因素

在分析产品技术含量对出口的影响时，需要考虑其他以下影响国际贸易的因素。如运输成本、政策执行力度等。Antoni Estevadeordal、Brian Frantz 和 Alan M. Taylor（2003）测量了出口的贸易比例，1870—1913 年标记着贸易全球化第一个纪元的诞生，1914—1939 年为该纪元的消亡。是什么引起了繁荣与萧条？他们使用一个扩大的引力模型检验得出黄金标准、运输成本和关税是贸易的决定因素。直至 1913 年，黄金标准出现和运输成本下降才成为主要贸易创造力量。1929 年较高的运输成本推动了贸易逆转，1930 年黄金标准的最后崩溃使贸易量趋于更低的水平。Nuno Limão 和 Anthony J. Venables（2001）使用不同的数据集，调查了运输成本对地理和基础设施的依赖性。基础设施是运输成本的一个重要决定因素，尤其对内陆国家而言。对双边贸易数据的分析证实了基础设施的重要性，并给出了贸易流关于贸易成本因素弹性的一个估计值为约 - 3%。基础设施从中位数到 75% 的恶化提高贸易成本 12%，并且减少 28% 的贸易量。对法国贸易流的分析表明，其相对低的贸易水平大部分源于较差的基础设施。拉尔（1998）认为，在发展真正的比较优势时，政策在市场失灵方面有显著作用。拉尔的研究表明，在发展中国家，市场不完善及用以克服它们的政府政策可以解释新兴贸易和区位模式。在实证前沿上，Hummels 和 Klenow（2005）研究发现，富裕国家不是出口更多的产品，而是更多种类的产品。斯科特（Schott, 2004）给出了产品种类和产品间专业化的证据。与此相对应，豪斯曼等关注成本外溢的信息，以及不同专业化方式对经济增长的意义。所谓自然资源咒语的相关实证文献考察了初级产品专业化与经济增长的关系（Sachs and Warner, 1995）。对自然资源咒语的解读来自于荷兰病或一种制度解释（Sala - i - Martin and Subramanian, 2003）。豪斯曼等的研究框架中，提高金融市场的功能并不一定会产生更多新的经济活动，因为它不能使企业家将他们在经济活动中产生的信息外部性内部化。同样，大量文献指出制度弱点，如腐败与合同及产权的执法不力（see Fisman, 2001; Svensson, 2003）是主要诟病。如果主要的限制是由于信息外部化使独占的回报降低，弥补这些缺点在激励企业家方面可能也不是特别有效。也有一些文献强调进入壁垒对竞争是严重障碍（Aghion, Burgess, Redding and Zilibotti, 2005; Djankov, La Porta, Lopez - de - Silanes and Shleifer, 2002）。在豪斯曼等的设定中，去掉这些

障碍将出现复杂的局面：任何侵蚀现任者租金的行为将导致更少企业家在
成本发现上的投资。尽管豪斯曼没有说成本发现的外部性比其他解释更重
要，但它在限制企业家活动上的确起到了重要作用，而这种企业家成本发
现活动导致了更高的生产率。苏崇华（2012）在传统国际贸易理论基础
上，利用中国 31 个省（市、自治区）的样本数据，定量分析了互联网对
中国外贸出口的影响。发现在控制了对出口有影响的变量之后，互联网普
及率等有利于贸易便利化的基础设施的改善对中国外贸出口有显著的促进
作用。进一步说，该论文对根据中国各省经济发展程度划分的三个区域分
别进行实证检验，发现不同区域的回归结果存在显著差异，西部地区互联
网对出口的促进作用最大且显著，中部地区和东部地区的作用则不显著。

第二节　中间产品贸易的主要影响因素

一　对国际贸易中国内含量的研究

对国际贸易的要素含量的研究，追踪中间投入品跨境流动的方法，最
初由 Trefler 和 Zhu（2010）发展而来，他们反过来建立在较早时期的多
区域投入—产出文献（Isard，1951；Moses，1955；Moses，1960；Miller，
1966）之上。Trefler 和 Zhu 使用其程序追踪每个中间投入品跨越每个边
界的运动，然后，使用这些信息计算贸易的要素含量，即诸如体现在中间
品及最终产品贸易中的劳动力等初级要素的量。作为对照，Belke 和
Wang（2006）在计算贸易的增加值含量，即体现在中间品及最终产品贸
易中的初级要素的值时，使用该追踪程序作为第一阶段。Jeffrey J. Reimer
（2006）开发了一种测量贸易的要素含量的方法，该方法适用于当存在中
间投入品贸易，且技术由于要素价格等存在差异而不同的情况。实证部门
记录了中间品的重要性，并且表明它们减轻了最终产品要素含量的跨国差
异。有关要素服务贸易最新模型的表现也得到评估，现有的方法将进口中
间品的要素含量归因于国内技术，并往往高估了这些方法的表现。该文献
开发的框架能够有助于协调一般均衡的贸易模型和实际的贸易方式。在生
产技术和投入品贸易存在国际差异的情况下，Trefler 和 Zhu's（2005，
2010）（TZ）从实证方面考察了贸易的要素含量。Laura Puzzello（2012）
参看了 TZ 的研究。在这个框架中，每一个国家投入—产出结构的双边细

节对纠正贸易要素含量的计算至关重要。从提供双边细节的亚洲投入—产出表中，Laura Puzzello（2012）使用基于调查的投入—产出系数。利用AIO 表和基于 TZ 研究的数据编译方法上的差异，该文献实证估计了 TZ 方法是如何适用于投入品的采购方式，并且发现，它低估了国内的使用和外国投入品的相对使用，尤其是在那些使用量最多的部门。因此，本国使用的国内要素被高估了。出口和进口的因素产生的偏差会相互抵消，对被测量的要素贸易的净影响很小。国际贸易文献中垂直专业化的文献与投入／产出（I/O）文献有关。对贸易增加值的研究需使用全球投入产出框架，Moses（1955）在构建区域投入—产出账户时首次使用了成比例假设，即假设在每个部门内，从每个来源国的进口中最终及中间产品的比例，与在目的国使用的进口最终产品和中间产品的总拆分成比例；从每个来源国进口的中间产品在各购买部门的比例，与目的地各部门使用的总进口中间产品的比例成正比。Belke 和 Wang（2006），Trefler 和 Zhu（2010）在构建全球投入—产出表时，也使用了成比例假设，并归纳出相关的投入—产出系数。Puzzello（2010）使用亚洲区域投入—产出表，比较了在有无成比例假设情况下要素含量的计算值。

　　对贸易增加值含量的研究，迄今为止，已有一些早期有关多区域投入—产出账户的文献涉及测量贸易的增加值含量。Powers、Wang 和 Wei（2009）在将价值链在亚洲内进行分割时，也计算了贸易的增加值含量。Bems 等（2010）阐述了使用增加值出口校验在国际商业周期研究中双边接触的国外冲击。NRC（2006）对美国，Dean 等（2007）、Chen 等（2008）、Koopman 等（2008）对中国，Hummels 等（2001）、Miroudot 等（2009）对主要 OECD 国家长期国内含量变化的研究均测量了垂直专业化程度与出口的国内含量。尤其是 Robert Koopman、Zhi Wang 和 Shang – Jin Wei（2008）发现，世界贸易中中国的崛起为其他国家既带来了利益，也增添了焦虑。对许多政策问题，了解出口的国内增加值含量非常重要，但当加工贸易盛行时，计算也更加复杂。该文献提出了一个计算允许加工贸易存在的国内与国外含量的方法。他们估计，中国成为世界贸易组织成员之前，其出口的国内含量份额约为 50%，之后，增长到超过 60%。各部门间也有差异。那些容易被标注为相对技术复杂的部门，如电子设备，其国内含量特别低（约 30% 或更少）。Hummels 等（2001）、Miroudot 等（2009）在对主要 OECD 国家长期内国内含量变化的研究中，将每个出口来源国的各部门及其出口目的地加总，其增加值对总出口的比例可作为测量出口国内含量的指标。这些出口含量的测算总结了 Hummels 等（2001）的工作。Hummels 计算出口的增加值含量基于下面的限制性假设：一国的出口（无论包括最终商品还是中间投入品）被国外的最终需求完全吸收。然而，该假设违背了这样一种情况：一国出口的用来生产最终产品的中间投入品，有些会反馈回来源国，并被吸收。通过同时对来源国和目的地国家使用投入—产出数据，即可放松这种假设。然而，这种做法仅能对总国内含量的测量起到很小的调整作用。但是，放松该假设对准确测算双边增加值将产生重要影响。William Powers、Zhi Wang 和 Shang–Jin Wei（2009）的研究将 Hummels、Ishii 和 Yi（2001）提出来的，在数量上对垂直专业化的测量，扩展到一个基于国际投入—产出模型的包括多国的框架。它不仅将一国出口的国外增加值分配给其最初来源国，而且进一步将一国出口的国内增加值分解成直接出口，和通过第三国间接的中间品出口，因此，完全切分了价值链。对垂直专业化扩展的测量方法，使他们可以估计每一国在东亚产业水平的生产网络中增加值的净贡献，为东亚价值链和它们从 1990—2000 年增长的性质提供系统、量化的证据。他们的数据包括东亚 9 个主要经济体（日本、中国、韩国、中国台湾、新加坡、泰国、马来西亚、印度尼西亚和菲律宾）和美国。他们的研究结果显示，20 世纪 90 年代，东亚发展中国家更深地融入东亚生产网络。这种融入由东亚供给美国的最终产品增加值的发展中国家份额的剧烈增加，和体现在通过其他亚洲国家出口中的间接增加值增加所证明。他们也给出了各部门价值链中的异质性。电子产业有最一体化的全球生产网络，其价值份额在东亚经济体中该时期分布变得更平均。相反，穿着类服装在亚洲发展中国家变得更集中，1990—2000 年，增加值移出了亚洲工业化国家和世界其余国家。这一时期，汽车产业变化较小，2000 年，仍旧主要在日本与韩国生产，而亚洲发展中国家才刚刚在价值链中显现出来。Robert Koopman、William Powers、Zhi Wang 和 Shang–Jin Wei（2010）主要提供了两方面的内容：一是提供了将一国总出口根据来源国的增加值成分进行分解的一个概念框架；二是提供了一个新的关于增加值贸易的双边数据集。他们的研究框架整合了文献中以前所有对垂直专业化和增加值贸易的测量。为了阐明分解的潜力，他们提出了许多应用，包括计算显示性比较优势和构建一个指数，用以描述一个国家—部门在全球生产链的上游或下游是否相似。

Chen 等（2004）、Lau 等（2007）首次针对中国发展了一个"非竞争性"类型的 I/O 模型（对进口和国内生产的投入品单独解释），并且清晰地并入了加工出口。然而，这些文献未描述一个用于推断单独的生产加工出口的投入—产出系数或其他最终需求系数的系统方法。因此，其他人很难复制他们的估计，或将他们的方法应用到其他国家。而且，Chen 等分别使用一个汇总的 1995 年与 2002 年中国的投入—产出表，对 20 个产品的产业进行分析。最后，从中国国家统计局出版的竞争型 I/O 表中估计进口使用矩阵时，他们施加了一个假设：在每个产业内，进口和国内投入品的混合比例，在资本形成、中间投入品及最终消费方面均相同。这与 Hummels 等（2001）的假设相同，但与实际情况却不符。

二　中间产品贸易对全球生产分担关系的影响

生产分担是一国出口的中间产品体现在目的国的最终产品中被反馈回本国，或从目的国重新出口到另外国家的多国跨境生产链的联系，它通过中间产品贸易得以实现。Arnaud Costinot、Jonathan Vogel 和 Su Wang（2011）开发了一个全球供应链基本理论，他们使用任意数量的国家、一个生产要素、一个连续的中间产品和一个最终产品研究世界经济。最终产品生产是连续的，并且受失误制约。在唯一的自由贸易均衡中，在所有阶段失误可能性较低的国家专业化于生产的较后阶段。由于生产的连续性，绝对生产率差异是各国比较优势的一个来源。使用这个理论框架，他们给出了垂直专业化如何塑造国家间的相互依存关系的初步状况。亚历山大·J. 伊茨（Alexander J. Yeats, 1998）研究发现，全球生产分担包括每年超过 8000 亿美元的制造品贸易，或至少制造品世界贸易的 30%。并且零部件贸易比其他贸易（制成品贸易）增长更快。突出了各国在国际贸易和生产运行方面不断增长的依赖性。各国制造品分担的各个阶段的重要性越来越大。由于以前标准国际贸易分类（SITC Rev1）系统的不足之处，不可能区分制造品零部件和完全制成品交换的国际贸易。现在 SITC 分类系统（Rev 2）的改变允许人们近似计算关键机械和运输设备（SITC 7）组发生的生产分担的价值，该值包含所有制造品世界贸易的约 50%。1995年，OECD 国家出口的该组零部件总计有 4400 亿美元，占所有机械和运输设备装运（零部件加装配产品）的约 30%。发展中国家生产和出口额外 1000 亿美元的此类产品，表明全球出口超过 5000 亿美元。但全球生产分担程度明显超过这些数字所示，因为 SITC Rev 2 不能让人区分化学品和其他制造品的零部件。该数据也显示，过去二十年，机械和运输设备零部件贸易的增长大大快于这组最终产品。生产分担的不同形式涉及对国内生产部件国外组装产品再进口的特别关税条款的使用。这一活动的第二数据源表明，这些产品贸易总计每年达约 1000 亿美元，大部分活动包括欧盟和美国。即便如此，这些补充统计说明这一活动对某些发展中国家的重要性。因为超过 40% 的制造品出口来自多米尼加共和国、萨尔瓦多、海地、牙买加，并且墨西哥装配操作使用国外制造的零部件。Gordon H. Hanson、Raymond J. Mataloni Jr. 和 Matthew J. Slaughter（2005）认为，最近几十年，世界贸易的增长由国际中间品贸易的快速增长所驱动。许多投入品贸易涉及跨国企业将投入品的加工过程设在它们的国外子公司，因此创造了全球垂直生产网络。该文献使用美国跨国公司企业层面的数据，考察母公司与国外子公司间为进一步加工的中间投入品贸易。他们的主要发现是，当子公司面对较低的贸易成本、较低的非技能劳动力工资和较低的公司收入税率时，对进口投入品的需求较高。Judith Dean、K. C. Fung 和 Zhi Wang（2008）认为，两个重要的相关发展转变了世界的性质：中国贸易的爆炸式增长，以及由于国际生产分割造成的垂直专业化贸易的增长。有关这两个独立主题每一个的文献均很多且仍在增加，然而，鲜有文献将这两个主题合并起来进行定量分析。使用一个由 Hummels、Ishii 和 Yi（2001）的方法修改而来的新的测量方法，该文献测量了中国贸易中垂直专业化的程度。该文献通过利用中国最新的投入—产出表，和一个将加工贸易与其他形式的贸易区分开的、新的、详细的中国贸易数据集，开发了一个识别中国进口中间品的新方法，测量了中国长期的垂直专业化水平，并根据部门、出口目的地及投入品来源国分别进行测量。他们发现，中国对世界出口值的 35% 归功于进口投入品。这种垂直专业化程度在某些部门超过了 50%，并且长期内还在增长。

三 生产分担对国际贸易的影响

Kei - Mu Yi（2003）认为，第二次世界大战后，产出的贸易份额的显著增长是世界经济最重要的发展之一。这种增长的两个特征为标准国际贸易模型提出了挑战。第一，增长普遍被认为是世界范围关税壁垒下降产生的，但是，自 20 世纪 60 年代，关税壁垒仅下降了 11%。离开对产品间有大的替代弹性这种与事实相反的假定，标准贸易模型就无法解释贸易增长。第二，关税下降在 20 世纪 80 年代中期之前比之后幅度大，而且，贸易在较早时期比较后时期增长小。标准贸易模型很难产生这种非线性的特征。该文献开发了一个两国、动态李嘉图贸易模型，该模型给出了以上两个难题的解决方案。这个模型体现的重要观点是垂直专业化，即各国仅专业化于某种产品生产序列的特定阶段。相应于关税减少，该模型产生了一个非线性贸易，并且能够解释贸易增长的 50%。最后，该模式对贸易所得有重要意义。Kei – Mu Yi（2010）认为，大量实证文献发现，太少国际贸易和太多国内贸易可由观测到的国际贸易成本，如关税、运输成本合理化的解释。该文献调查了是否相应于贸易成本，生产性质可能改变的一个模型——多阶段生产框架——能更好地解释贸易的国内歧视。被校准化的模型能解释加拿大 2/5 的边界效应，约是一个生产阶段模型的 2.5 倍。该模型也解释了加拿大—美国"后向和前向"联系，即垂直专业化贸易的一个重要部分。Xikang Chen、Leonard K. Cheng、K. C. Fung 和 Lawrence J. Lau（2001）开发了一个方法框架，相应于出口增加，分别根据商品和目的地加总和分类，估计一国国内增加值和就业的增加。他们在实证上应用该方法，估计中国国内增加值的增加。这相当于中国 GDP 和就业作为中国对美国的总出口增加 1000 美元的结果，或者说，中国纺织品出口到美国或世界 1000 美元的结果。该方法适用于分析对特定国家，或国家组，或作为一个整体的世界的出口的影响。David Hummels、Jun Ishii 和 Kei – Mu Yi（2001）研究发现，国际贸易的性质正发生剧烈改变，生产过程越来越多地包含一个延伸至许多国家的连续的垂直贸易链，每个国家专业化于某种产品序列的特定阶段。该文献记录了这些垂直联系的一个关键方面——生产出口产品的进口投入品的使用——称为垂直专业化。使用 10 个 OECD 国家和 4 个新兴市场国家的投入—产出表，他们计算得出，垂直专业化占这些国家出口的 21%，并且在 1970—1990 年几乎增长了 30%。他们发现，垂直专业化的增长占这些国家出口增长的 30%。Noguera（2011）分析了在有或没有中间产品的引力模型中估计的贸易弹性，该模型允许存在中间品和最终产品贸易形式的差别。Yi（2003，2010）认为，可以使用增加值流量校准多国多阶段生产和垂直专业化模型。Ronald Jones、Henryk Kierzkowskib 和 Chen Lurong（2005）研究发现，国际生产网络已出现多种产业和产品，如运动鞋、移动电话、汽车、服装、计算机、家具等，这些只罗列了一小部分。尽管在某些领域聚集的力量在起作用，但分散的经济活动也很普遍。生产聚集消解的影响之一体现在国际零部件贸易的快速扩张上。他们观察了表明区域或全球生产消解趋势的实证证据。Alessandro Nicita 和 Marcelo Olarreaga（2007）提供给研究者 28 个制造业部门的、国际贸易标准分类第二版三位数字水平的、关于贸易、生产和保护的一组广泛的数据。该数据集涵盖了最多 100 个发展和发达国家、1976—2004 年的数据。

四　中间产品贸易的决定因素

首先，制度因素影响国际贸易。James E. Anderson 和 Douglas Marcouiller（2002）发现，腐败和不完全执行契约剧烈地减少了国际贸易。该文献使用一个非安全性作为贸易隐含税的进口需求结构模型估计了这种减少，发现不适当的体制限制贸易和关税的效果一样。他们还发现，忽略体制质量指数使典型的引力模型的估计有偏，模糊了人均收入和对贸易品总支出份额的负向联系。最后，他们认为，各国制度效率的差异和随之而来的贸易品价格的不同，对在高收入、资本充裕国家彼此间所造成的不成比例的贸易提供了一个简单解释。Mastruzzi、Massimo、Kraay、Aart 和 Kaufmann、Daniel（2007）提出了最近更新的、包括 212 个国家和地区的全球治理指标（WGI）研究计划，并测量了 1996—2006 年六个方面的治理情况：发言权和问责制、政治稳定性和消除暴力、政府效率、监管质量、法治和腐败控制。这些最新的总指标基于测量来自 30 个不同组织提供的 33 个数据源的、各种治理方面指标的、数百个特定和分散的单个变量。数据反映了公共部门、私人部门、非政府组织的专家，以及成千上万的公民和世界范围内的企业调查反应。该文献也报告了每一国家估计的误差幅度，它们反映了使用各种数据测量治理指标的固有困难，发现在考虑误差幅度的情况下，WGI 指标允许进行有意义的跨国比较，以及监督长期的进步。在不到 20 年时间，大量国家在至少一个治理方面，在统计上表现出显著改善，而另一些国家在某些方面表现出恶化的情况。Andrei A. Levchenko（2007）研究发现，制度即契约执行质量、产权、股东权益保护及诸如此类的内容最近已引起广泛关注。然而，除将制度当作不同技术或关税处理之外，贸易理论并未考虑制度差异的影响。该文献的目的有两方面：首先，提出了一个在不完全契约框架内，包含制度差异的简单国际贸易模型。结果表明，这样做推翻了假定制度效率均等化条件下的许多结论。制度差异作为比较优势的一个来源意味着，欠发达国家不能从贸易中获益，并且作为贸易结果的要素价格可能发生了偏离。其次，使用美国对分散国家和分散产业的数据，他们实证检验了是否制度充当了贸易来源，实证结果提供了"贸易的制度含量"的证据。制度差异是一个贸易流的重要决定因素。Nathan Nunn（2007）构建了一个变量，对每种产品，用于测量其需要特定关系投资的中间投入品的比例，以查看一国是否有能力使契约成为其比较优势的决定因素。将这种测量和有关司法质量与贸易流的数据相结合，作者发现，契约执行好的国家专业化于为特定关系投资的最重要产品的生产。根据作者估计，契约执行解释贸易方式比物质资本和技能劳动力合起来还要有力度。John S. Wilson、Catherine L. Mann 和 Tsunehiro Otsuki（2003）分析了亚洲—太平洋地区贸易便利性和贸易流量的关系，使用特定国家港口效率、海关环境、监管环境及电子商务使用的数据构建测量贸易便利性的指标。这些指标和贸易流的关系使用包括关税和其他标准变量的引力模型来估计。增强的港口效率对贸易流有较大且正向影响。监管障碍妨碍贸易。海关改善与更多电子商务使用明显扩大了贸易，但程度小于港口或监管改善的情况。通过量化亚洲太平洋经济合作组织（APEC）成员国在这四个领域的不同改善，该文献估计了特定贸易设施效果的益处。低于平均指标的 APEC 成员国提高所有成员国平均水平一半的能力，APEC 内部贸易将增加2540 亿美元，或增加 APEC 内部贸易流量的21%，其中近一半的增加源于港口效率的改善。Athukorala 和 Yamashita（2008）考察了中美贸易关系，研究了不断出现的全球生产分担的过程。发现全球生产分担导致两国在世界制造品贸易中的贸易互补，分析了与市场经济有关的法规体系及贸易便利性条件等的重要作用。Hartmut Egger 和 Peter Egger（2003）建立一个模型，即一小工业化经济体，将其部分生产外包给低技能劳动力禀赋充裕的国外小国。分析哪种情况下，沉没贸易成本会刺激外包活动，促进生产分担与中间品贸易。结果发现，海关贸易政策措施等贸易障碍的降低，确实刺激了对东欧及苏联的外包活动。

基础设施变量、相对要素禀赋、地理距离、文化习俗、运输成本及进入国外市场成本等均制约生产分担联系。Hartmut Egger 和 Peter Egger（2005）估计了欧洲对内与对外加工贸易的决定因素，识别出规模、相对要素禀赋、其他要素成本与基础设施变量。他们使用 1988—1999 年欧洲 12 国总体水平的双边加工贸易流的一个大面板，发现基础设施变量、相对要素禀赋和其他要素成本是欧洲对外加工贸易的重要决定因素。成本对欧洲对内加工贸易也起着关键作用。Salvatore Baldone、Fabio Sdogati 和

Lucia Tajoli（2001）使用欧盟和中东欧国家对外加工贸易的证据，研究了国际生产分割的方式及其决定因素。他们调查了一个国际生产分割的特殊方式，即对加工贸易原因而言引起国际贸易的方式。欧盟和中东欧国家间纺织品和服装贸易的数据表明，加工贸易的大小大大超过最终产品贸易。这个需要重新界定比较优势的产业看起来受国际分割过程的影响。他们的分析说明，劳动力成本差异和地理与文化接近性形成了这种分割现象。格罗斯曼和赫尔普曼（Gene M. Grossman and Elhanan Helpman，2005）研究了外包和贸易的一般均衡模型中分包活动区位的决定因素。在模型中，他们将外包构建为需要寻找贸易伙伴和由不完全契约控制的特定投资关系的活动。国际外包的程度尤其取决于国内与国际投入品供应方市场密度、在每个市场的相对寻找成本、习惯化投入品的相对成本和每个国家契约环境的性质。他们指出，诸如基础设施水平（如更好的港口和通信系统）、法律制度及技术和管理技能禀赋等要素的重要性。Jones、Kierzkowski 和 Chen（2004）研究了在多种产业和产品中出现的国际生产网络、国际零部件贸易迅速扩展中，全球范围内的生产分散变得越来越普及的决定因素为贸易成本的下降。他们发现，区域内零部件贸易的快速发展为东亚国家贸易一体化提供了极大便利。然而，没有证据表明，这已降低了东亚国家全球一体化的程度。实际上，东亚国家区域内贸易的扩展与最终组装产品的区域外贸易紧密相连。Eiichi Tomiura（2005）调查了被清晰地从国内外包中区分出来的对外外包活动。在企业层面，少于3%的企业将生产外包给国外。外国外包的固定进入成本很显著，并且和企业的人力技能和国外经营经历相关。当企业生产率较高时，或其产品属于更劳动力密集型时，往往在海外外包更多生产活动。Guillaume Daudin、Christine Rifflart 和 Danielle Schweisguth（2011）认为，在过去四十年里，投入品贸易，也叫垂直贸易的份额已大大增加。在将贸易流量重新分配到最初生产投入品的产业和国家中时，这篇文献给出了一个新的测量国际贸易的方法："增加值贸易"，并且使回答"谁为谁生产"这一问题成为可能。2004 年，27%的国际贸易是垂直贸易。增加值贸易的产业与地理模式与标准贸易不同。增加值贸易在区域贸易中有相对较小的重要性，但它在亚洲比在美国有更大的重要性。Leon N. Moses（1960）的研究包含一个强调区域间贸易与经济活动区位紧密联系的模型。为了在一般均衡中获得替代效应和最优化，该作者将投入—产出和线性规划技术混合在一起。由此产生了一个多区域、多商品的、对比较优势的实证研究。线性规划被应用于交通问题，该问题将发现一个满足交通方面最小总支出要求的贸易网络。因此，交通问题集中于一个单个产品，不涉及产业间关系。它始于区域生产和消费，决定一个特定产品的贸易网络。区域投入产出技术强调产业间的相互联系。其目标为决定所有区域所有产品的产出和投入需求。贸易方式和区域产出是所有被决定产品的必要条件。模型包括可替代的生产技术并代入投入产出分析。这种替代发生在区域间。

最近二十年，涌现出国际技术差异对贸易要素含量影响的大量研究。然而，这些文献未能面对两个关键问题：第一，关于国际技术差异和中间投入品贸易与 Vanek 的要素含量预期相符合的贸易的要素含量没有现成的定义，Daniel Trefler 和 Susan Chun Zhu（2010）弥补了这一空白。第二，如赫尔普曼和克鲁格曼（Helpman and Krugman，1985）所示，许多超越赫克歇尔—俄林的模型意味着 Vanek 预期。因此，在缺少这些模型的完全列表的情况下，当 Vanek 预期被验证时，我们不会完全知道模型被验证的内容。赫尔普曼等通过提供一个对一个稳健的 Vanek 预期充分必要的、熟悉的消费相似性条件，完全刻画了该类被验证模型的特征。最后，使用正确的要素含量定义和 41 个国家的投入—产出表，该文献重新评估了该预测的表现，发现除了丢失贸易数据外，预测表现很好。而且，丢失贸易不是普遍发生的：它完全与农产品消费、政府服务和建筑的国内偏差相联系。Rudolfs Bems、Robert C. Johnson 和 Kei – Mu Yi（2010）使用一个全球投入产出框架，量化了 2008—2009 年全球衰退时期美国与欧盟的需求溢出和世界贸易对 GDP 的弹性。跨境中间产品的联系对冲击传递与各国在需求、贸易及产出上的关系有很大影响。他们发现，美国和欧盟最终需求下降的 20%—30% 由外国承担，其中北美自由贸易协定与欧洲新兴市场国家受打击最严重。通过允许最终需求在所有国家间同时变动，他们的研究框架给出世界贸易对 GDP 的弹性为 2.8。因此，单是需求的力量就能解释大约 70% 的贸易崩溃。耐用消费品需求的大变动在得出上述结果方面起着重要作用。Ansgar Belke 和 Lars Wang（2006）开发了双边贸易开放度一个创新的测量方法。使用最广的开放度指数不能准确计算贸易开放程度。例如，将一个一体化区域的出口价值与总国内产品联系起来的区域内出口比例，可能超标 100%。因为贸易使用总统计项，而总国内产品用增加值项表达，这意味着国内非贸易品为负值。用增加值项代替总贸易项表达，实际开放度概念纠正了传统概念。伊茨（2001）使用零部件贸易数据，汉森等（Hanson et al.，2005）使用跨国公司母公司和子公司间的贸易定义中间产品贸易。

（一）修正的引力模型在解释中间产品贸易上的适用性

Richard Baldwin 和 Daria Taglioni（2011）认为，贸易的测量以总销售额为基础，而 GDP 的测量以净销售额，即增加值为基础。在过去四十年快速发展的生产国际化意味着总贸易流量已逐渐无法代替增加值流量。这一事实对估计引力公式具有重要影响。当将标准引力公式应用于零部件贸易占有重要位置的情况下，他们的实证证据表明，通过某种测量，使用标准引力公式结果不佳。他们也提供了对一个修正的引力公式的简单理论基础，该引力公式适用于解释国际供应链重要情况下的贸易。James Harrigan（2001）认为，贸易理论的核心主题是贸易量和贸易方式，即哪一个国家就哪些产品开展贸易，这些贸易产品的价值是多少。该文献的第一部分讨论了比较优势的证据，强调理论模型和数据分析的联系。第二部分首先考虑了引力模型的理论基础，然后回顾了少量试图检验而不是简单使用引力影响的文献。这两部分得出了相同结论：他们仍处于在实证上理解贸易专业化和贸易形式的最初阶段，但已做的工作可作为未来研究的一个起点。关于边界如何影响贸易？文化和制度差异对贸易重要吗？环境政策和贸易有关吗？某国收入或工资如何与贸易伙伴接近或相差较大的事实相联系？使用国际贸易引力模型能回答诸如此类的重要问题。Peter A. G. van Bergeijk 和 Steven Brakman（2010）根据贸易伙伴（如州、区域、国家或贸易集团）间经济规模与距离，预测和解释了双边贸易。该文献追踪了引力模型的历史，并详细介绍了最近的方法论及理论前沿，包括对多边贸易阻力的新近似，对经济距离测量及对外直接投资有见地的分析。Isidro Soloaga 和 L. Alan Winters（2001）将一个引力模型应用于 1980—1996 年每年的非燃料进口数据，以量化最近建立或修改的产品协定对贸易的影响。作者修改了引力公式以识别产品协定对集团内贸易、成员国的总进口和他们的总出口的独立影响，并检验建立贸易集团后贸易模式的显著改变。发现没有迹象表明，"新区域主义"显著推动了集团内贸易，并发现仅在欧盟（EU）和欧洲自由贸易（EFTA）联盟发生了贸易转移。EFTA 也表现出"出口转移"，这可能表明他们对其他国家施加了福利成本。20 世纪拉丁美洲的贸易自由化对集团成员的进口和出口有正向影响。

（二）影响中间产品贸易的渠道

1. 比较优势对中间产品贸易的影响

Holger Görg（2000）认为，生产分割指将以前一体化的生产过程拆分为独立的部分，被视为世界经济不断增加的全球化的原因之一。该文献对美国在欧洲对内加工贸易（IPT）程度进行了实证研究，使用这一指标代表对贸易的分割。他们也提供了美国 IPT 在欧盟 12 个成员国不同制造业部门分布决定因素的实证证据。结果支持比较优势对美国 IPT 部门分布重要性的观点。而且，他们发现，劳动力和美国 FDI 存量水平影响美国在欧洲周边国家的 IPT，而对欧洲核心国家看上去没有影响。Francis Ng 和 Alexander Yeats（2001）的研究首先刻画了生产分担新数据源的性质，并评估了其对实证分析的优势和限制。其次，使用现有统计分析了东亚生产分担的大小、组成和方向。最后，描述了决定哪个国家在特定制造品组装或零部件生产方面具有比较优势的一个方法程序，并指明如何才能评估一国生产进一步发展的潜力。然后，应用新方法统计了东亚零部件贸易，以确定刺激区域交换方式的内容，并阐明亚洲生产分担中比较优势是如何演化的。Gorg 和 Baldone 等、Egger 和 Egger 从欧盟官方向内/向外加工贸易方案（IPT/OPT）记录中提取了加工贸易数据。Gorg 使用 1988—1994 年期间美国对欧盟 12 国向内加工贸易的数据，提供了对生产分割贸易的最早考察结果之一。在此背景下，考察了三个主要变量：美国对外直接投资（FDI）存量数据、制造业工资成本及对比较优势的测量。其主要发现与贸易的要素禀赋模型相一致，即美国在欧盟向内加工贸易的方式总体上符合基于比较优势的解释。该研究发现，美国 FDI 存量与其向内加工贸易有很强的相关性。而且发现，制造业工资成本与美国向内加工进口有正向联系。因为较高的相对工资成本反映了相对较高的熟练工人禀赋，这一发现表明，熟练工人的较高禀赋增强了向内进口加工贸易。Gorg 总结得出，比较优势与美国跨国公司（MNEs）的区位是美国在欧盟地区加工进口方式的主要推动因素。

2. 对外直接投资及模块化生产网络对中间产品贸易的影响

Robert E. Lipsey（2001）研究发现，外国直接投资（FDI）的概念和测量长期以来已发生了变化，由国际收支流量和存量测量的内容与直接投资理论所包含的内容大相径庭。FDI 存量的产业分布，目前测量最多，仅仅与 FDI 生产分布有微弱联系，并且该存量变化与其生产变化联系甚微。

相对于其他形式的国际资本流动，FDI 流量增长具有重要性。并且作为世界产出的一部分，FDI 导致的生产已增加，但在 20 世纪末，该产出占世界产出的份额仍仅有 8%。美国在 19 世纪后期开始其对外直接投资，尽管它仍旧是一个资本输入国。美国成为对世界其余部分直接投资的主要供给者，占 1960 年世界存量的近一半。从此以后，其他国家成为主要的直接投资者，目前，美国的份额少于世界总量的 1/4，而且成为其余国家FDI 的一个主要接收国。Timothy J. Sturgeon（2003）发现，对相关经济地理流派的理论研究包括许多增加长期空间聚集重要性的动态元素。该文献开发了一个"模块生产网络"的概念，表明空间聚集和分散可能有兼容并相互促进的趋势。模块化生产网络包括通过编码信息交换联系起来的隐性活动节点，以创造全球规模的生产系统。在类似硅谷的地方，产业参与者依赖地理接近的好处，从而有助于其建立和管理全球规模的生产网络。

3. 成本因素对中间产品贸易的影响

Deborah L. Swenson（2005）使用美国离岸装配计划（OAP）数据，考察了 1980—2000 年期间美国制造业加工贸易的决定因素。Swenson 构建了每个国家单位生产成本及其竞争对手成本的时间序列，用以解释生产技术、运输成本及关税水平的作用。特别是他们考察了在控制市场规模、发展阶段及地理接近度变量之后，这些测量成本的变化如何影响一国在美国离岸装配计划（OAP）中的进口份额。其发现表明，在其他条件不变的情况下，当该国自身成本下降或其竞争对手成本上升时，其占美国离岸装配计划（OAP）的进口份额增加。而且，成本敏感性程度在发达与发展中国家间有很大不同，本国与竞争国成本变化对比对发展中国家影响较大。在许多情况下，测得的成本响应看上去和基于搜索和定制成本的外包理论相对应。Deborah L. Swenson（2007）研究了美国海外装配方案（OAP）的生产决策。发现，首先，以前的参与和目前参与有高度联系，表明沉没成本影响外包选择。其次，本国成本上升和竞争国成本下降减少了参与的可能性。而且，这些持久性和成本效应对发展中国家的外包影响更大。最后，外包的反应似乎反映了不同的市场密度，因为成本敏感性一般随竞争的存在而出现。詹姆斯·E. 安德森和埃里克·凡·温库普（James E. Anderson and Eric van Wincoop，2004）调查了贸易成本的测量方法，发现，局部和不完整的数据在直接测量成本时，一起干扰贸易流量和价格的隐性成本。富裕国家的总贸易成本大，从价税约为 170%。贫穷国家甚至面临更高的贸易成本。不同国家及各国不同产品间存在许多差异。理论一方面提供了解释和观点，另一方面为未来的改进提出了建议。他们也提出了许多合理应用和解释引力理论与恰当处理集聚问题的新结果。Simeon Djankov、Caroline L. Freund 和 Cong S. Pham（2006）使用新收集的、世界银行将标准货物从工厂大门运输到 126 个国家所需天数的数据，控制了内生性和偏远度，考察了时间延误对贸易的影响。平均来看，一种产品在被运输前每额外延误一天，将减少至少 1% 的贸易额。每一天相当于平均一国与其贸易伙伴国 70 公里的距离。延误对发展中国家的出口及对时间敏感产品的出口，如易腐烂农产品的出口有甚至更大的影响。特别是延误一天，时间敏感性产品相对于非敏感性产品的出口减少 6%。

4. 生产分担对全球和区域贸易方式的影响

Prema – chandra Athukorala 和 Nobuaki Yamashita（2006）考察了国际生产分割对全球和区域贸易方式的影响，特别强调了东亚国家。发现，国际生产分割在东亚经济持续的动态化和不断增加的区域内经济的相互依存方面起着举足轻重的作用。然而，没有证据表明，这种新形式的国际交换有助于减轻区域对全球经济的依赖性。相反，基于垂直一体化的增长动态性依赖对最终产品的区域外贸易，而且，事实上，这种依赖性长期以来一直在增长。Prema – chandra Athukorala（2005）认为，国际生产分割——在垂直一体化的生产过程中零部件的跨境生产/装配——是世界正在加深的结构上相互依存的一个重要特征。他们使用来源于联合国商品贸易（UN comtrade）数据库中的数据，考察了全球和区域贸易中这种现象的影响，特别强调了东亚国家。他们发现，尽管总体上制造品"分割贸易"比世界总贸易增长更快，但东亚依赖这种国际专业化新形式的程度成比例地大于北美和欧洲。这种现象的结果是国际生产分割已使东亚经济增长越来越依赖区域外贸易，从而加强对全球，而非区域的贸易和投资政策。

第三节　汇率对出口产品价格的影响

一　对汇率不完全传递的研究

已有许多文献研究汇率变动对贸易商品价格传递的程度。第一代的研究采用的是更多有微观基础的方法，考察的是一些大国如美国、日本与德国的出口商市场定价行为（Athukorala and Menon，1994；Bleaney，1997；Feenstra，1989；Froot and Klemperer，1989；Gagnon and Knetter，1995；Goldberg，1995；Knetter，1994；Parsley，1993；Tange，1997；Yang，1997，1995）。他们发现，日本和德国的出口商倾向于适应汇率的变化，而美国的出口商则传递任何的汇率变动。第二代对小的、开放的经济体的实证研究，在货币变动的价格效应的反应上长期以来也有许多演进（Athukorala，1991；Lee，1997；Yang and Hwang，1994 for South Korea，Naug and Nymoen，1996 for Norway and Doyle，2004 for Ireland）。第三代研究考察发达国家中汇率传递的程度，开始将注意力集中到宏观政策变量对汇率传递的重要性上来（Betts and Devereux，1996；Campa and Goldberg，2005；Campa and Minguez，2006；Faruqee，2006；Gagnon and Ihrig，2004；Gron and Swenson，1996；Kardasz and Stollery，2001；Sasaki，2002）。如 Taylor（2000）发现汇率传递与通胀正相关。

最近，也有越来越多的汇率传递文献在总体水平上应用到新兴市场经济体中，包括跨国比较，如 Barhoumi（2006），Choudhri、Faruqee 和 Hakura（2005），Choudhri、Hakura（2006），Ca'Zorzi 等（2007），Ghosh 和 Rajan（2007）。这些最近文献的一个重要发现是，汇率传递在发展中国家也是不完全的，尽管一般而言，与发达国家相比较，在进口方面较高，出口方面较低。最近，Frankel、Parsley 和 Wei（2005）考察了 76 个发展中国家中，对 8 个被选择商品进口价格的汇率传递，结果发现与发达国家相似，汇率传递呈下降趋势。而且，Barhoumi（2006）使用 24 个发展中国家的总体面板数据，对进口价格的汇率传递进行估计，发现，汇率传递的差异源于三个宏观决定因素：汇率制度、贸易障碍与通胀制度。与发达国家相似，发展中国家宏观经济的稳定是汇率传递明显下降的因素之一。Reyes（2007）分析指出，这种正向联系可能是实施通胀目标制度的直接结果，并提供了在实施通胀目标制的发展中国家汇率传递下降的实证证据。通常情况下，新兴市场国家比发达国家更注重通胀目标（Montiel，2003）。因为较高的通胀和长期以来较低的加成有关（Banerjee and Russell，2001），而且较高的通胀可能改变边际生产成本，因此，考察汇率传递效应时，控制这个变量非常重要。

另外，Halpern 和 Koren（2007），使用匈牙利差异化及同质产品进口的数据集研究发现，对有较高市场能力的企业和有较高成本份额的中间投入品的情况下，进口价格较高。其他对汇率传递水平变动的可能解释是进口的产业组成（Campa and Goldberg，2005）和进口开放度（Campa and Minguez，2006）。Brissimis 和 Kosma（2007）提供了有关市场能力（以市场份额测量）和汇率的不完全传递关系的新的实证证据。针对美国汽车市场，Banik 和 Biswas（2007）考察了经过汇率冲击后价格竞争的程度，结果显示，竞争企业间高度（低度）的价格竞争，对应低（高）程度的汇率传递。Bergin 和 Feenstra（2007）开发了一个可变加成的理论模型，来自固定汇率制国家的出口可能改变美国市场的竞争环境。在美元贬值的情况下，会鼓励其他国家向低加成的国家出口，因此，能够缓解对进口价格的汇率传递。

有关发展中国家更大范围产品的汇率传递的证据仍很有限。给定制造业间汇率传递有显著差异（Goldberg and Knetter，1997），因此有必要考察发展中国家产品层面汇率传递的效应。

二　影响汇率传递程度的因素

（一）企业生产率对汇率不完全传递的影响

Mark J. Melitz（2002）建立了一个异质企业的动态产业模型，解释为什么国际贸易引致了一个产业内企业间资源的再分配。该文献表明贸易如何仅促使更高生产率的企业进入出口市场（生产率较低的企业继续仅为国内市场生产），并将同时迫使最低生产率的企业退出市场。然后，作者说明，产业进一步增加贸易如何导致企业间向更高生产率的企业重新分配资源。这些现象在实证上已有记录，但不能被目前的一般均衡贸易模型所解释，因为依赖一个代表性的企业框架。该文献也表明，重新分配资源所产生的总产业生产率增长如何有助于福利收益，因此，强调了无法被以前的理论验证的贸易收益。该模型改变了 Hopenhayn's（1992a）的一般均衡情况下垄断竞争的动态产业模型，在这样做时，该文献对 Krugman's（1980）合并企业层面生产率差异的贸易模型进行了扩展。具有不同生产率的企业在一个产业内共存，因为每个企业面对与做出进入产业的一个不可逆转的投资前的生产率相关的初始不确定性。进入出口市场代价也是昂贵的，但企业获得生产率知识后，仍决定出口。Fabio Ghironi 和 Marc J. Melitz（2004）开发了一个随机的、一般均衡的、两国贸易和宏观动态模型。生产率在每一国单个垄断竞争的企业间不同。企业在本国面对一个沉没进入成本，以及固定的、单位出口成本。只有相对较高生产率的企业出口。对总生产率及进入或贸易成本的外部冲击促使企业进入或退出本国和外国市场，因而改变各国消费篮子的组成。在一个价格灵活机制的世界中，该文献的模型产生了内生性的持续偏离购买力平价的现象，缺少异质企业的微观结构，这种现象不会存在。该模型提供了一个对总生产率差异和放松管制响应的哈罗德—巴拉萨—萨缪尔森效应的内生性的、具有微观基础的解释。最后，该模型成功地将美国多个月与国际商业周期进行了匹配。

（二）价格调整频率对真实汇率不完全传递的影响

Ariel Burstein、Martin Eichenbaum 和 Sergio Rebelo（2004）研究了发生在大规模贬值之后真实汇率大幅度下降背后的主要力量是非贸易品和服务价格的缓慢调整。该文献使用来自五个大贬值集的数据：阿根廷（2001）、巴西（1999）、韩国（1997）、墨西哥（1994）和泰国（1997）。作者使用分类的消费者物价指数（CPI）数据，对阿根廷的案例进行了详细分析。数据来自作者在布宜诺斯艾利斯做的调查，扫描数据来自超市。通过研究真实汇率大幅度升值、中度贬值和小的汇率变动，作者评估了其发现的稳健性。Gita Gopinath 和 Oleg Itskhoki（2010）使用美国进口价格进行实证记录发现，价格调整频率高的产品长期汇率传递是调整频率低产品的 2 倍。作者从理论方面表明，这种关系应该遵循。因为变动加成减少了长期汇率传递，也减少了表示为成本冲击函数的利润函数的曲率，使企业不太愿意调整其价格。作者从数量上估计了一个动态菜单成本模型，表明变化的加成渠道能够产生调整频率的显著差异，相当于可观测到数据变化的37%。另外，不变需求弹性的标准主力模型，以及卡尔沃或依赖国家定价模型很难符合事实。

（三）定价货币对汇率传递的影响

Gita Gopinath、Oleg Itskhoki 和 Roberto Rigobon（2007）认为，具有名义刚性的开放经济的宏观模型的一个主要假设与产品定价的货币相关联，即存在所谓生产者货币定价或当地货币定价。这对汇率传递和最优汇率政策有重要意义。作者的分析表明，使用货币和美国进口价格，甚至是有条件的价格变化的新交易层面的信息，以美元计价的产品（25%）平均对非美元计价的产品（75%）的汇率传递存在较大差异。这个发现和大量模型中所述的定价货币是外生的假设相矛盾，而且是由内生性货币选择引起的一个重要选择效应的证据。作者描述了一个交错价格设定环境中的最优货币选择模型，研究表明，实证证据有力地支持模型中货币选择和汇率传递关系的预测。而且进一步记录了显著的真实刚性的证据，如美元价格的传递长期以来增加 50% 以上。最后，作者使用数字说明，在卡尔沃和使用变动加成和进口中间投入品的一个菜单成本模型中的货币选择的决策，并评估了这些模型与数据记录的传递方式相匹配的能力。Gita Gopinath 和 Roberto Rigobon（2006）认为，贸易商品的价格黏性和定价货币在国际宏观经济学中有重要作用。然而，这些特征的实证证据受到严格限制。为了阐明这一点，作者使用美国 1994—2005 年期间进出口价格的微观数据，并提出四个主要结论：第一，货币定价的价格持续时间中位数进口为 10.6（12.8）个月。第二，90%（97%）的进口（出口）用美元定价。因此，与标准模型的假设相反，存在出口用生产者货币定价，进口用本地货币定价的情况。第三，进口价格刚性增加了 10%，差异化产品的价格刚性仍在增加。第四，即使价格变化的条件改变，汇率对美国进口价格的传递仍很低，约为 22%。

（四）影响汇率不完全传递的其他因素

José Manuel Campa 和 Linda S. Goldberg（2005）提供了汇率对 23 个 OECD 国家进口价格传递程度的跨国和时间序列证据，发现短期内部分传递醒目的证据，尤其在制造业内。长期内，生产者货币定价对许多类进口产品更常用。尽管宏观变量长期中对汇率传递弹性演化的作用很小，但汇率波动率更高的国家传递弹性更高。对这些国家汇率传递变化更重要的是进口产品束组成的剧烈移动。Mario Marazzi 和 Nathan Sheets（2007）记录了汇率对美国进口价格传递的一个稳健与持续的下降，从 20 世纪七八十年代的高于 0.5，到 20 世纪最后 20 年的约 0.2。作者将这种下降归因于来自中国的竞争显著上升、亚洲金融危机以来进口定价行为的转移和美国进口原料密集型产品份额的下降。而且发现，越来越多的外国出口商将其价格盯住美元价格。反过来，这些结果表明，一个新的、更一般的假设，该假设将传递下降与全球市场竞争性质的演进与国际生产方式的结构变化联系起来。Pinelopi K. Goldberg 和 Michael M. Knetter（1996）发现，在出口和进口价格间，进口价格比汇率变化更小的比例。最近研究表明，同类产品出口到不同市场的共同货币的相对价格与这些市场间的汇率有高度联系。该证据说明，不完全传递是第三级价格歧视的结果。虽然距离对市场分割起作用，边界有独立的影响，但并未清晰识别边界效应的来源。而且，没有证据表明大量市场势力由观测到的价格歧视促成。R. Auer 和 T.

Chaney（2009）扩大了 Mussa 和 Rosen（1978）关于在完全竞争条件下质量定价模型。出口商销售不同质量的商品给对质量有异质偏好的消费者。生产受约束于规模报酬递减，因此，供给与竞争程度对由于汇率波动带来的成本变化做出反应。首先，作者预测，汇率冲击会不完全传递到价格。其次，低质量产品的价格比高质量产品的价格对汇率冲击更敏感。最后，作为对汇率高估的反应，出口商品组成移向更高质量和更昂贵的产品。作者使用高度分解的价格，并量化了美国进口数据，检验了这些预测，发现，仅有微弱的实证证据支持他们的理论。Doireann Fitzgerald 和 Stefanie Haller（2008）利用一个将每月调查的产出价格与每年工厂人口普查数据相匹配的唯一数据集，估计汇率驱动的需求和成本冲击对价格行为扩展和集约边际的影响。允许作者识别需求和成本冲击反应数据的重要特征是，首先，作者观测到，相同工厂在由汇率变动分割的多个市场上销售相同产品的价格。其次，观测到成本有差别地暴露在汇率中的多个工厂，在本国销售相同产品的价格。发现，对汇率驱动的需求和成本冲击作出反应的、价格设定所具有的国家依赖性的证据。而且，在价格变化的情况下，作者发现，对相对需求增加做出反应的相对加成增加和对相对需求减少，做出的反应下降。以上两个观测均与传统用于匹配真实汇率行为的卡尔沃定价和不变加成标准假设存在分歧。

第二章 中国高科技制造品出口技术含量研究

第一节 中国高科技制造品出口现状

20世纪70年代末80年代初中国实行改革开放政策以来，中国经济经历了持续稳步发展。近十年来，中国工业的产量和产值持续快速增长。以不变价计算，2004—2008年中国制造业总产值年均增长21.14%，到2008年制造业总产值约为28.10万亿元。[①] 1996—2010年，中国制造业增加值年均增长10.4%，而同时期发展中国家为6.5%。[②] 中国制成品出口总额除以制造业从业人数的值从2004年的6840.77美元跃升到2008年的12735.9美元，年均增速为17.24%。[③] 中国制造品出口占国内生产总值（GDP）的比重1980年为43.92%，2010年为32.44%，1980—2010年平均为38.65%[④]，制造品出口在整个中国经济中起着重要作用。

目前，国际上对"高新技术"的界定没有统一的标准，我国有关专家认为，高新技术是指在一定时间内水平较高，反映当时科技发展最高水平的技术。根据OECD数据库的产业分类方法，共有18类制造品，其中包括7类高科技制造品。该7类高科技制造品分别是：化学和化学产品、机械和设备、办公、记账及计算器具、电气机械和设备、无线电、电视及通信设备、医疗、精密和光学仪器、其他运输设备。综观近年来迅速发展的中国高科技制造品出口，呈现出以下几个特点：

---

① 根据中国第一次、第二次经济普查数据计算整理得到。
② 根据世界银行WDI数据库计算整理得到。
③ 根据中国第一次、第二次经济普查数据计算整理得到。
④ 根据UNCTAD数据库数据整理。

一 高科技制造品出口占工业制成品出口的比重不断提高

中国高科技制造品出口额从 2000 年的 417.36 亿美元增加到 2010 年的 4060.90 亿美元，占工业制成品出口的比重由 18.98% 上升到 27.5%（见表 2-1）。高科技制造品出口的大幅增长以及比重的提高，极大地拉动了中国工业制成品出口的增长，也使工业制成品的出口结构得到不断优化。

表 2-1 　　　中国高科技制造品出口额占工业制成品出口额的比重

单位：亿美元、%

年份	2000	2003	2005	2007	2008	2009	2010
高新技术产品出口	417.36	1086.69	2159.28	3027.73	3401.18	3096.01	4060.9
工业制成品总出口	2198.42	3969.1	7000.8	11359.5	13303.9	11244.0	14760.6
比重	18.98	27.38	30.84	26.66	25.57	27.53	27.51

资料来源：根据《中国统计年鉴》、中国商务部网站（http://www.mofcom.gov.cn）及国务院发展研究中心信息网（http://www.drcnet.com.cn）相关数据整理计算。

二 电子及通信设备制造业产品是中国高科技制造品的主要出口产品

在中国高科技制造品出口结构中，电子及通信设备制造业产品占据主导地位。2004 年、2006 年、2008 年计算机和通信技术类产品占中国高科技制造品出口的比重分别为 66.8%、44.5%、57.2%，平均大于半数，基本在 58.2% 的平均水平上下波动。电子计算机及办公设备制造业产品作为中国第二大高新技术出口产品，这三年占中国高科技制造品出口的比重分别为 30.1%、51.3%、38.3%，波动幅度较大，特别是 2006—2008 年，呈下降趋势。但事实上这类产品出口仍保持着快速增长，其中，2006—2008 年的增长幅度为 62.5%。出现这种现象的原因主要是电子及通信设备制造业产品增长飞快，进而带动高科技制造品总出口大幅增长，使其分母的增幅大于分子。而医药制造业、航空航天器制造业等领域的高科技制造品在中国的出口中只占很小的份额，多年来变化不大（见表 2-2）。

表 2-2 　　　　　　中国各类高科技制造品出口分布 　　　　单位：亿美元

高科技制造业	2004 年	2006 年	2008 年
电子及通信设备制造业	219.7	186.37	522.2

续表

高科技制造业	2004 年	2006 年	2008 年
电子计算机及办公设备制造业	99.2	215.2	349.7
医药制造业	6.45	9.3	21.1
医疗设备及仪器仪表制造业	3.2	6.8	16.9
航空航天器制造业	0.6	1.6	3.4

资料来源：根据国务院发展研究中心信息网（http：//www.drcnet.com.cn）整理。

三　"三资"企业是中国高科技制造品出口的主力军

从高科技制造品出口的企业主体类型来看，"三资"企业是中国高科技制造品出口的主力军，其出口额占高科技制造品总出口额的比重一直保持着很高的水平，且连年高速增长。2004 年，"三资"企业高科技制造品的出口额为 290 亿美元，占中国高科技制造品总出口的比重为 88.1%。2008 年，"三资"企业高科技制造品的出口额增至 775.3 亿美元，所占比重基本未变，为 84.9%。与之相反，中国国有企业在此项中的比重呈现下降趋势，2004 年国有企业在高科技制造品总出口中的比重为 10%，2008 年下降到 7.4%（见表 2-3）。

表 2-3　　　　中国各类企业高科技制造品出口分布　　单位：亿美元、%

	2004 年		2005 年		2006 年		2007 年		2008 年	
	出口额	比重	出口额	比重	出口额	比重	出口额	比重	出口额	比重
"三资"企业	290	88.1	274.2	84.2	355.2	84.7	463.6	81	775.3	84.9
国有企业	47.1	10	50.4	9.5	57	9.1	48	8.4	67.6	7.4

资料来源：根据《中国统计年鉴》、中国商务部网站（http：//www.mofcom.gov.cn）及国务院发展研究中心信息网（http：//www.drcnet.com.cn）相关数据整理计算。

四　加工贸易是中国高科技制造品出口的主要方式

从高科技制造品出口方式来看，以加工贸易方式出口的高科技制造品占高新技术制造品出口总额的比重一直很高。2000 年以加工贸易方式出口的高科技制造品为 328.03 亿美元，占高科技制造品出口总额的 88.6%。2008 年中国以加工贸易方式出口的高科技制造品总金额为

1902.73 亿美元，比 2000 年增长了 480%，占高科技制造品出口总额的 64.7%。[①]

目前，制造品已由自然资源密集型、劳动力资源密集型初级产品出口为主，逐渐发展为资本与技术密集型制造品出口为主的贸易模式。在中国出口商品篮子中，劳动密集型产品（如玩具、服装及简单的电子配件）的出口曾发挥了重要作用，随着经济的发展，中国不是简单地根据比较优势进行专业化生产并出口，同时也出口大量高技术复杂度的产品。中国出口商品篮子的技术含量与人均收入水平三倍于中国的国家相当，而且中国将继续实行并加强这种着重发展高技术含量产品生产并出口的产业政策和贸易模式，而这种发展道路不符合中国目前的比较优势及要素禀赋。显然，这种出口模式已对中国的经济增长做出了重要贡献。中国的经验表明，对经济增长起关键作用的不在于出口数量的多少，而在于出口商品的结构。鉴于制造品出口在中国经济中的重要地位，有效地度量制造品出口产品的技术水平，探讨其对制造品产出、出口乃至整个经济增长的作用机制有着重要的政策意义。

第二节　中国制造品出口技术含量衡量

出口贸易技术含量的高低，说明了一个经济体的出口贸易是属于资源投入型还是技术附加型。如果出口贸易量的增加主要是建立在资源投入型的出口上，这种贸易模式就可能是不可持续的，不利于经济的长期发展；如果出口贸易量增加的同时，出口产品的技术含量也得到了相应的提高，那么贸易模式就是可持续的。从发展经济学的角度，自由贸易带来发展机遇的同时，理论上说，它也有可能导致一个经济体的生产在低端产业上实现专业化。这意味着自由贸易带来的只是短暂的繁荣，实际上损害了长期经济发展的潜力。

改革开放以来，中国制造品对外贸易在量上获得了突飞猛进的增长后，中国对外贸易的"质"，即中国制造业出口产品的技术含量是否得到了显著提高受到了越来越多的关注。本书通过对中国制造品出口技术含量

---

① 根据国务院发展研究中心信息网（http://www.drcnet.com.cn）相关数据整理计算。

的测算，并对其演进路径进行分析，以揭示中国制造品出口的贸易结构及其发展趋势。

一 一国出口商品篮子技术含量的指标构建

借鉴豪斯曼等的研究，先定义一种商品的技术含量 JFD_j，代表出口商品 j 的生产率水平。它是一国人均 GDP 的加权平均值，代表与出口商品相关的收入水平。权重为该国的显示性比较优势指数：

$$JFD_j = \sum_i \frac{(x_{ij}/X_i)}{\left(\sum_i x_{ij} / \sum_i X_i\right)} Y_i \qquad (2.1)$$

其中，x_{ij} 代表国家 i 商品 j 的出口额，X_i 代表国家 i 的总出口额，Y_i 代表国家 i 的人均 GDP，(x_{ij}/X_i) 代表国家 i 的总出口篮子中商品 j 的出口份额，$\sum_i x_{ij} / \sum_i X_i$ 代表各国商品 j 的总出口占世界总出口的份额，即商品 j 的世界平均出口份额，$\dfrac{(x_{ij}/X_i)}{\left(\sum_i x_{ij} / \sum_i X_i\right)}$ 代表 i 国商品 j 的显示性比较优势指数（Balassa，1965）。

在此基础上，定义一国 i 出口商品篮子的技术含量 TCI_i。

$$TCI_i = \sum_j (x_{ij}/X_i) JFD_j \qquad (2.2)$$

其中，TCI_i 是一国出口商品生产率的加权平均值，权重是一国总出口中各种商品的出口份额。

二 中国制造品出口商品篮子技术含量测度结果

（一）数据说明

根据以上对一国出口商品技术含量 TCI 的设定，本书使用联合国 UN-comtrade 数据库中 1985—2010 年 34 个 OECD 国家及中国的 SITC Rev2 5—8 三位数字的共 123218 组制造品出口数据，测算了每种制造品的生产率，并据此得出各国历年制造品出口商品篮子技术含量 TCI。人均 GDP 数据使用来自世界银行的 WDI 数据库，采用 2005 年 PPP 不变价。

（二）中国制造品出口商品篮子技术含量的测度结果及其演进趋势

本书将中国制造品的 TCI 和美国及日本的 TCI 进行了比较（见图 2-1）。

从图 2-1 可知，用中国制造品 TCI 衡量的中国制造品出口商品篮子的技术生产率呈现出以下特点：在整个样本观测期制造品 TCI 基本呈上升趋势（除去自 2008 年世界金融危机造成 TCI 的下滑趋势以外。该下滑趋

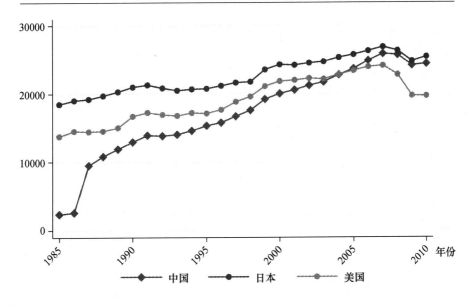

图 2－1 中国、美国和日本历年 *TCI* 趋势比较

势在 2009 年停止，2010 年基本恢复到上年水平），经历了长达 26 年平稳较快的增长期，而且以比美国及日本更快的速率上升。2004 年以前，中国制造品 *TCI* 低于美国及日本，但 2004 年中国赶上并超过美国，与日本的差距也正在逐渐缩小。

第三节 制造品出口技术含量对制造品出口的影响

一 制造品出口技术含量对产出的分析

新增长理论的内生增长模型是对新古典增长理论的完善和修正，其共同特点是强调内生化的技术进步对经济增长的决定作用。在 AK（accumulation of knowledge，AK）模型中，知识积累是推动经济增长的重要变量（Arrow，1962；Romer，1986；Lucas，1994）；新增长理论说明，要素投入的增加只有在其能够带来科技进步的条件下才能推动经济持续增长。

（一）理论模型

根据索洛（Solow，1957）的研究，从生产函数入手，把经济增长率分解为技术进步率与要素投入增长率之和。索洛用 Q 表示产出量，K 和 L 分别表示资本和劳动的投入，t 表示时间，从而得到总量生产函数的一般形式：

$$Q = F(K, L, t) \tag{2.3}$$

索洛假设技术进步是希克斯中性的，于是可得到生产函数的特殊形式：

$$Q = A(t)f(K, L) \tag{2.4}$$

其中，$A(t)$ 为技术进步（变化）因子，它是一段时间内技术变化的累积效应。对（2.4）式就 t 求全微分，可得到：

$$\dot{Q} = \dot{A}f(K, L) + A\frac{\partial f}{\partial K}\dot{K} + A\frac{\partial f}{\partial L}\dot{L} \tag{2.5}$$

在（2.5）式两边同除以 Q 得：

$$\frac{\dot{Q}}{Q} = \frac{\dot{A}}{A} + W_K\frac{\dot{K}}{K} + W_L\frac{\dot{L}}{L} \tag{2.6}$$

其中，$W_K = \frac{\partial Q}{\partial K}\frac{K}{Q} \cdot W_L = \frac{\partial Q}{\partial L}\frac{L}{Q}$ 分别为资本和劳动的产出弹性系数；$\frac{\dot{Q}}{Q}$ 为产量增长率；$\frac{\dot{A}}{A}$ 为技术进步率；$\frac{\dot{K}}{K}$、$\frac{\dot{L}}{L}$ 分别为资本增长率和劳动增长率。（2.4）式是总产量增长率（经济增长率）的一个核算方程。

本书首先根据索洛（1957）的生产函数的一般形式，改造并动态化为总体生产函数：

$$Y_t = AL_t^\alpha K_t^{1-\alpha} \tag{2.7}$$

其中，$K = \left\{\int_0^N q(j)^{1-\alpha}dj\right\}^{\frac{1}{1-\alpha}}, N = n + n^*$；$A$ 代表技术因素（如技术含量、知识资本等）；L 代表劳动力；K 代表资本品，为多种资本品的集合，每一种资本品用 $q(j)$ 代表，国内市场上共有 N 种资本品，其中，n 种为国内创造，n^* 种为从国外进口或外商投资企业创造，统一代表外国创造。

根据这一生产函数，从厂商和消费者均衡两方面进行考察。从企业角度可将提供的资本品看作是一种耐用消费品或服务，资本品的提供者可从中获得租金收益；对于租用这一要素的生产者来说，其租用的最优条件是这一要素的边际成本要等于其边际收益。于是，出租资本品 $q(j)$ 的租金收益将等于该资本品的边际生产率：

$$v(j) = \frac{\partial y(j)}{\partial q(j)} = (1-\alpha)AL^\alpha q^{-\alpha} \tag{2.8}$$

　　其中，$Y(j) = AL^\alpha Q(j)^{1-\alpha}$。对发展中国家或小国而言，假定技术扩散源于拥有先进技术的跨国公司在国内的直接投资或高技术产品进口。这样，资本品的扩散就会存在一个技术的吸收、采纳问题。技术的扩散、外溢需要东道国一定的技术支持和基础设施的提供，即需要一定的固定成本 C。设固定成本 C 是国内目前外国与本国生产的资本品整体技术差距的函数，即首先，C 与目前国内的外国资本品比例 (n^*/N) 成反比，表示外资企业的技术水平普遍高于国内企业，外资企业的比例越高，继续吸收外溢性技术的成本就越低。其次，C 与东道国生产资本品数量 (N/N^*) 同方向变化，其中 N^* 指其他国家市场上的资本品总数量，表示东道国目前的技术水平相对越低，技术差距越大，模仿的相对成本越小。这一固定成本函数还可以运用产品质量改进式技术变迁模型来解释。在这一模型中，资本品数量的增加等同于质量的提高，以表示技术的变迁。FDI 或进口数量的增加 (n^*/N) 使技术传递的途径增加。另外，跨国公司之间存在着激烈的竞争，FDI 的增加意味着可以尽量避免某一家跨国公司在东道国形成垄断势力，竞争的作用加快了先进技术向东道国的扩散，这些都可以使技术扩散固定成本降低。东道国初始水平的相对落后 (N/N^*) 较小，也是质量提高更容易的一个主要因素。这样，资本品生产者在每一期的收益函数为：

$$\pi(j) = [(v(j)-1)q(j)] - C\left(\frac{n^*}{N}, \frac{N}{N^*}\right) \tag{2.9}$$

　　其中，$\dfrac{\partial C}{\partial\left(\frac{n^*}{N}\right)} < 0, \dfrac{\partial C}{\partial\left(\frac{N}{N^*}\right)} > 0$。根据巴罗（Barro，1995）认为，一种新产品或设计（比如对这种资本品 j 的创造）是有成本的，但它却可能被产品 j 的所有潜在生产者以一种非竞争性的方式无偿利用。因此，只有当对于 t 期之后的至少一部分时间而言，$q(j)$ 的销售价格超过其边际生产成本时，发明一种新资本品才是有利可图的，即要保证垄断租金流对发明者提供的激励。因此可以认为，资本品生产者在一定时间内是作为垄断者出现的。

　　在一定程度上为垄断者的资本品生产者在每一期都要制定价格 $v(j)$，以最大化利润 $\pi(j)$。由此得到垄断价格为：

$$q(j) = LA^{\frac{1}{\alpha}}(1-\alpha)^{\frac{2}{\alpha}} \tag{2.10}$$

$$v(j) = (1-\alpha)^{-1} \tag{2.11}$$

将资本品生产者的收益函效动态化，可以得到：

$$\pi(j)_t = \int_t^\infty \{[v(j)-1]q(j)\} e^{-r(s-t)} ds - C(n^*/N, N/N^*) \qquad (2.12)$$

假设资本品的生产是可以自由进入的，即不存在进入壁垒。那么从长期来看，$\pi(j)_t$ 趋近于零，这时，可以计算出利率 r 的值：

$$r = A^{\frac{1}{\alpha}}\varphi C(n^*/N, N/N^*)^{-1}L \qquad (2.13)$$

其中，$\phi = \alpha(1-\alpha)^{\frac{2-\alpha}{\alpha}}$。

与其他内生增长模型一样，本模型最终也要回到在某种约束条件下运用 Pontrygain 最大值原理求解拉姆齐（Ramsey）于 1928 年提出的消费者效用函数。即从消费者的角度出发，使全体消费者的效用达到最大化，实现消费者均衡。借用拉姆齐模型的消费效用函数：

$$U_t = \int_t^\infty \frac{c_t^{1-\sigma}}{1-\sigma} e^{-\rho(s-t)} ds \qquad (2.14)$$

其中，$c(t)$ 为消费者在 t 时刻的消费；ρ 为贴现率，表示人们对于推迟消费的耐心程度，ρ 越大，与现期消费相比，消费者对未来消费的评价越低；σ 为消费的边际效用弹性的负值，又称相对风险回避系数（$\sigma > 0$）。运用 Pontrygain 最大值原理，得到的关键条件便是整个经济系统的最优平衡增长路径：

$$m = \frac{\partial c(t)/\partial t}{c(t)} = \frac{1}{\sigma}(r-\rho) = \frac{1}{\sigma}\left[A^{\frac{1}{\alpha}}\varphi C(n^*/N, N/N^*)^{-1}L - \rho\right]$$

$$(2.15)$$

上述理论模型的结论表明，经济的均衡增长率主要依赖：技术含量（A），劳动力存量（L），引进、吸收、模仿先进技术的效率（C），以及时间贴现率（ρ）的大小。与劳动力呈正方向变化，与吸收、模仿技术所需的固定成本及时间贴现率呈反方向变化。因此，技术含量越高，知识资本越大，经济增长率越高；吸收外国直接投资的数量越多，与先进技术的差距越小，吸收新技术所需成本越小，则经济增长率越高；现时的储蓄率越高（人们推迟消费的耐心程度越大），产出增长率越高。

（二）变量选取

根据罗德里克的研究，一国先期总出口商品篮子的技术生产率会对后续时期的经济增长产生正向促进作用。由赫克歇尔—俄林的要素禀赋理论，一国的生产与出口模式由其要素禀赋决定。广义的要素禀赋包括物质资本、劳动力、土地等自然资源、知识资本等。根据内生增长理论，知识资本、劳动生产率能够促进经济增长。

劳动力和物质资本是经济增长模型中的两个核心投入。经济的长期增长依赖于人口、劳动力的增长。新增长理论强调了知识资本是长期经济增长的引擎，是企业、国家等层面创新与技术进步的重要影响因素。知识资本可能源于自身的知识创造，也可以通过参与国际分工和贸易，获得技术的转移和扩散。教育（或人力资本）和研发是解释自主创新和知识创造的两个重要因素，它们直接促进知识资本积累，从而提升生产率水平；另外，它们也可能间接地促进知识转移。研发通过促进全要素生产率的提高及在部门间的外溢从而促进经济增长。全要素生产率、人力资本、研发和公共基础设施间存在长期均衡的关系，其中，人力资本对生产率影响最大，研发与生产率间存在双向促进作用。全要素生产率不仅依靠国内研发资本，而且依靠国外研发资本，研发的回报率非常高。产品创新的源泉是研发及获取外部知识。而琼斯（Jones）认为，全要素生产率与某些知识资本投入（如研发人员数量）间仅有微弱的关系。

进口贸易和外商对内直接投资是物化型技术溢出的两个直接渠道，通过各种不同的渠道促进东道国技术进步和经济增长。它们增加了可选择的中间产品投入种类，从而产生知识溢出；增加了竞争效应，直接促进国内企业进行研发和创新的潜力，从而提升技术水平；通过利用东道国的资源优势，加强了产业连接效应，带动相关产业的技术进步。通过进口及外商直接投资，东道国通过学习技术及实施赶超策略提升了自身的技术能力。进口是技术转移的重要源泉，外商对内直接投资产生的知识外溢效应影响东道国全要素生产率的增长，除了外商直接投资，主要的与技术及知识相关的要素包括人力资本、研发对生产率提升及区域经济增长也起着关键作用。

（三）计量模型设定

根据上述理论分析，本书设定如下计量模型，借以分析制造品产出与其 TCI 的内在联系。

$$\ln mgdp_{it} = a_0 + a_1 \ln TCI_{it-1} + a_2 \ln labor_{it} + a_3 \ln gcapl_{it} + hr_{it}$$
$$+ rd_{it} + \ln imp_{it} + \ln infdi_{it} + \varepsilon_{it} \qquad (2.16)$$

（2.16）式为面板计量模型，其中，$mgdp$ 为制造品总产出，借鉴罗德里克（2006），使用制造品出口商品篮子技术含量的一阶滞后项 TCI_{it-1}

代表各国历年制造品出口篮子的技术生产率；*labor* 为劳动力，*gcapl* 为资本，*hr* 代表人力资源，*rd* 代表研发，*imp* 代表制造品总进口额，*infdi* 代表外商对内直接投资额，ln 表示对变量取自然对数，本书使用 *labor*、*gcapl*、*hr*、*rd*、*imp*、*infdi* 作控制变量，主要考察制造品产出与制造品 *TCI* 的内在联系。

根据以上模型设定，本书首先分析 34 个 OECD 国家及中国全部样本国家制造品产出与其 *TCI* 的关系，然后，将全部样本国根据人均国内生产总值由低到高区分为低收入、中低收入、中高收入及高收入国家四组样本，分别考察这四个分组样本制造品产出与其 *TCI* 的关系。

罗德里克认为，人均 GDP 与 *TCI* 有显著正向关系。中国的人均 GDP 连续多年稳步上升，中国制造品 *TCI* 自 20 世纪 80 年代以来呈现出较主要发达国家更快的上升趋势，因此，中国制造品 *TCI* 可能超越其人均 GDP 对应的 *TCI* 值。进而，中国制造品 *TCI* 对制造品产出有更大的促进作用，中国经济才会呈现出比世界上任何国家更快的速度持续增长的现象。

（四）数据说明

本书样本数据根据 34 个 OECD 国家和中国 2000—2010 年的数据计算整理得到。*mgdp* 数据来自联合国贸发会议 UNCTAD 数据库，采用 2005 年不变美元价格与不变汇率。*tci* 数据计算如上文所述，劳动力 *labor*、资本 *gcapl*、人力资源 *hr*、研发 *rd*、制造品进口额 *imp*、外商对内直接投资 *infdi* 来自世界银行 WDI 数据库。其中，资本 *gcapl* 用总资本形成表示，人力资源 *hr* 用大专以上入学率表示，研发 *rd* 用研发投入占国内生产总值（GDP）的比重表示，外商对内直接投资 *infdi* 用外商对内直接投资存量表示。以上各数值取自当期美元值，均经过以 2005 年为基期的价格指数调整。

（五）估计结果

1. 全样本估计结果

本书分别使用面板 GLS、面板工具变量方法对（2.16）式进行估计，结果如表 2 - 4 所示。首先，采用面板 GLS 方法估计回归方程，并使用稳健标准差以消除面板数据可能存在的截面异方差和自相关性。在判断选择使用变截距固定效应（FE）或随机效应（RE）模型形式时，采用豪斯曼检验进行确定。估计结果见表 2 - 4 的第（1）—（3）列。书中使用大专以上入学率代表人力资源存在测量误差，故认为人力资源变量可能为内生变量。使用豪斯曼检验来验证人力资源的内生性，结果（见表2 - 4）显示，豪斯曼统计量均在1%水平上显著，表明存在内生变量。考虑到人力资源的内生性问题，本书使用面板工具变量法对模型进行估计，使用人力资源变量的一阶滞后项作为工具变量。表2－4的第(4)—(6)列报告了面板工具变量方法的估计结果。

表2－4　基于面板固定效应、面板工具变量方法的全样本估计结果

变量	Depvariable：$\ln mgdp$					
	面板固定效应方法			面板工具变量方法		
	(1)	(2)	(3)	(4)	(5)	(6)
$\ln tci_{t-1}$	0.2757 **	0.2578 **	0.3067 **	0.3431 ***	0.3163 **	0.4531 ***
	(0.1187)	(0.1202)	(0.1371)	(0.0895)	(0.1344)	(0.1649)
$\ln labor$	0.6557 *	0.6352 *	0.6361 *	1.0460 ***	0.9633 ***	2.1517 ***
	(0.5198)	(0.5079)	(0.5135)	(0.2505)	(0.3002)	0.4947
$\ln gcapl$	0.2402 *	−0.2329	0.2299 **	0.5343 **	0.4266 *	0.5168 **
	(0.1499)	(0.1455)	(0.1406)	(0.0773)	(0.1130)	(0.1050)
hr		0.0005 *	0.0005 *		0.0049 **	0.0042 *
		(0.0005)	(0.0005)		(0.0025)	(0.0026)
rd		0.0123 *	0.0120 *		0.0408 **	0.0541 **
		(0.0100)	(0.0100)		(0.0941)	(0.1169)
$\ln infdi$			0.0456 *			0.0583 **
			(0.0453)			(0.0716)
$\ln imp$			0.0128 *			0.2435 **
			(0.3787)			(0.6381)
$cons$	12.6846 *	12.7142 *	13.1652 **	10.8778 ***	12.1642 ***	21.8118 ***
	(6.7913)	(6.7228)	(8.6747)	(3.6720)	(4.3486)	(20.0497)
时间固定效应	是	是	是	是	是	是
总样本数	350	350	350	350	350	350
国家数	35	35	35	35	35	35
豪曼斯检验a	10.52	14.10	64.04			
	(0.0146)	(0.0150)	(0.0000)			

续表

	Depvariable：ln*mgdp*					
	面板固定效应方法			面板工具变量方法		
变量	(1)	(2)	(3)	(4)	(5)	(6)
豪曼斯检验 b				80.91	120.65	239.53
				(0.0000)	(0.0000)	(0.0000)

注：1. 表中回归系数下的小括号内为稳健标准误；＊、＊＊ 和 ＊＊＊ 分别表示 10%、5% 和 1% 的显著性水平。2. 豪斯曼检验 a 用以识别随机效应还是固定效应模型；豪斯曼检验 b 用以识别选择变量的内生性，相应的数字表示统计量，小括号内为检验的 p 值。

　　根据面板 GLS 估计，制造品出口篮子技术含量指数对数值的回归系数在 5% 水平下显著为正；劳动力与资本对数项的系数在 10% 水平下显著为正；人力资源、研发、外商对内直接投资对数项及制造品进口对数项的系数均为正，均在 10% 水平下显著。

　　在面板工具变量方法估计中，制造品出口篮子技术含量指数对数值的回归系数在 1% 水平下显著为正；劳动力与资本对数项的系数在 1% 水平下显著为正；人力资源、研发、外商对内直接投资对数项及制造品进口对数项的系数均显著为正，且更加显著。相对于面板 GLS 估计，各解释变量回归系数的符号没有改变，绝对值变化不大，表明了模型的稳健性。

　　以上实证结果表明，制造品出口篮子技术生产率对制造品产出有显著正向的促进作用。教育和研发是自主技术创新的两个重要途径，同时也有利于吸收和采用国际技术溢出，通过增加知识资本，从而对制造品产出产生显著正向的促进效应。本书的研究还表明，外商对内直接投资和进口贸易是促进制造品产出增长的两个重要因素，并且进口贸易的回归系数远远大于人力资本和研发投入的回归系数。外商对内直接投资和进口贸易对制造品产出存在显著正向影响。然而这两个因素对于东道国制造品产出增长存在两个不同层面的作用。一方面，由于国际生产外包和转移、价值链的分割，东道国通过引入外商直接投资（FDI）、进口贸易进口了大量原材料与中间产品，经过简单的装配和加工，生产出技术复杂的最终产品，供国内消费及出口，从而在短期内表现为产出的上升。另一方面，东道国通过 FDI 和进口贸易的技术溢出，吸收和采用了国外先进技术，提升了自身的知识资本积累，有利于提高产品生产率，促进产品多样化，从而对制造品产出产生正向促进作用。

2. 根据人均 GDP 分组样本的估计结果

本书上述部分分析了人均 GDP 与 TCI 有显著的正向联系，因此，根据人均 GDP 由低到高将全部样本国分为低收入、中低收入、中高收入及高收入四组，在四组分组数据的基础上，采用面板工具变量方法分别分析其制造品产出与 TCI 的关系，控制变量的选择与全样本分析相同。估计结果见表 2 - 5。

表 2 - 5　　根据人均 GDP 分组国家中制造品产出与 TCI 的关系

变量	Depvariable：lnmgdp							
	低收入国家		中低收入国家		中高收入国家		高收入国家	
lnTCI_{t-1}	0.170 *	0.205 *	0.569 ***	0.576 **	0.357 *	0.120 *	0.061	0.143 *
	(0.388)	(2.270)	(0.243)	(0.316)	(0.272)	(0.519)	(0.293)	(0.900)
ln$labor$	0.225 ***	0.148 **	0.326 **	0.995 **	0.986 *	0.126 **	0.224 **	0.051 *
	(0.513)	(0.798)	(0.408)	(0.572)	(0.411)	(0.418)	(0.545)	(0.697)
ln$gcapi$	0.594 *	- 0.232	0.703 **	0.606 *	0.427 **	0.390 *	- 0.029	0.123 **
	(0.503)	(3.862)	(0.225)	(0.393)	(0.312)	(0.304)	(0.259)	(0.308)
hr	0.001 *	0.002 *	0.002 **	0.003 **	0.003 **	0.003 ***	0.047 ***	0.035 ***
	(0.016)	(0.065)	(0.002)	(0.003)	(0.003)	(0.003)	(0.336)	(0.192)
rd	0.200 *	0.125 *	0.020 ***	0.021 **	0.072 **	0.061 **	0.210 ***	0.561 ***
	(0.041)	(0.717)	(0.087)	(0.171)	(0.038)	(0.061)	(0.491)	0.465)
ln$infdi$		0.023 *		0.085 *		0.140 **		0.126 **
		(0.883)		(0.594)		(0.208)		(0.251)
lnimp		0.541 ***		0.117 **		0.434 **		- 0.756
		(0.854)		(0.418)		(0.061)		(0.524)
cons	3.224 **	2.851 ***	7.178 **	3.477 **	3.203 **	3.293 ***	4.175 **	2.655 ***
	(0.539)	(0.515)	(0.975)	(0.363)	(0.903)	(0.039)	(0.052)	(0.164)
时间固定效应	是	是	是	是	是	是	是	是
样本数	80	80	80	80	100	100	90	90
国家数	8	8	8	8	10	10	9	9

变量	Depvariable：ln*mgdp*							
	低收入国家		中低收入国家		中高收入国家		高收入国家	
豪斯曼检验 a	11.26	55.82	66.52	71.65	60.37	46.84	25.18	43.35
	(0.047)	(0.000)	(0.000)	(0.000)	(0.000)	(0.000)	(0.000)	(0.000)
豪斯曼检验 b	120.95	127.61	287.66	11.31	73.55	19.02	165.00	25.33
	(0.000)	(0.000)	(0.000)	(0.000)	(0.000)	(0.000)	(0.000)	(0.000)

注：1. 表中回归系数下的小括号内为稳健标准误；*、** 和 *** 分别表示10%、5%和1%的显著性水平。2. 豪曼斯检验 a 用以识别随机效应还是固定效应模型；豪曼斯检验 b 用以识别选择变量的内生性，相应的数字表示统计量，小括号内为检验的 p 值。

　　从表2-5可以看出，按人均 GDP 分组的回归结果表现出鲜明的特点。制造品出口篮子技术含量对数项（ln*tci*$_{t-1}$）的回归系数均为正，系数由大到小依次为中低收入组、中高收入组、低收入组及高收入组，且中低收入组最显著，其余组显著性较弱，表现出倒 U 形特征。中低与中高收入国家大多数是制造品生产及出口大国，如韩国汽车业、日本的汽车、精密仪器加工业，其制造品的技术含量往往较高，能够生产出先进、多样化的产品，根据产品生命周期学说，这些国家利用制造品技术生产率优势，从而能够有力地促进产出增长。而低收入国家大都不是制造品生产大国，如爱沙尼亚，其制造品技术生产率一般不高，故对产出的影响不明显。高收入国家一般服务业发达，如瑞士的银行业，美国的计算机软件及航空技术。美国于20世纪90年代初，已由资本密集型的制造业大国发展成为知识、技术密集型的服务业强国。21世纪以来这种现象愈发突出。这组国家制造品生产多采用外包或对外直接投资方式，将技术含量低或能耗型污染型产业转移到国外，自身开发掌握产品核心技术，处于全球生产网络的核心地位，虽然其领先技术能够有效地促进新产品开发及产出增加，由于国际分工及生产全球化，制造品各环节的生产遍布世界各地，故高收入国家制造品技术含量提高促进的是中间投入品及制成品生产国产出的增加，而不表现为本国制造品产出增加。而且，许多高收入国家不生产一些制造品，如卢森堡，国内消费完全依赖进口，即存在"产业空心化"现象。因此，高收入国家分组制造品技术含量对数项的系数较小，且显著性较弱。劳动力对数项的系数均为显著为正，低收入国家显著性最强，低

收入国家一般劳动力丰富，根据要素禀赋学说，这组国家一般生产并出口
劳动密集型产品，故其劳动力对制造品产出的促进作用最显著。资本对数
项的系数均为正，中低与中高收入组系数大且显著性强，低收入与高收入
组则显著性较弱。正如以上分析，中低与中高收入组国家大多数在样本期
间为制造品生产大国，其资本要素充裕，生产并出口资本与技术密集型的
制造品，因此表现为资本对制造品产出有较强的促进作用。低收入组与其
他分组国家相比一般资本缺乏，因此其资本对产出的促进作用较弱。高收
入国家虽然资本要素丰裕，但其资本投入往往用于服务业的发展，用在制
造品上的资本投入相对并不多。而且，即便其研发环节的资本投入最多，
但由于国际分工的普及与生产的日益全球化，增加的只是制造品各生产环
节产地的产出，故该组资本系数显著性较弱。人力资源与研发的回归系数
均显著为正，高收入组系数最大且最显著，低收入组显著性较弱。研发系
数远远大于相应的人力资源系数。说明样本国家中，研发对制造品产出的
正向促进作用大于人力资源的作用。高收入组国家人力资源丰富，研发投
入占国内生产总值（GDP）的比重远远大于低收入国家，样本期间高收
入组国家研发支出占 GDP 的比重平均为 1.62%，低收入国家平均仅占
0.62%。① 因此，高收入组国家人力资源与研发项的回归系数显著性更
强。外商对内直接投资的回归系数均为正，但仅低收入组国家的系数不显
著。外商对内直接投资产生的技术外溢有效地促进了全要素生产率及东道
国的经济增长，从而提升了制造品的产出。一般而言，东道国的投资环境
如制度法规、基础设施等影响外资流向，低收入组国家往往制度法规不健
全，基础设施不完善，制约了外资流入，通过外商直接投资产生的技术外
溢提升生产率，从而促进制造品产出增加的效应较小，因此该组外商对内
直接投资的系数不显著。相反，其余分组外商对内直接投资的系数均显著
为正。进口对数项的回归系数除高收入组外均显著为正，高收入组系数为
负，但不显著。说明在高收入样本国家中，制造品生产与进口间存在替代
效应。低收入组的系数最大且显著性最强，低收入国家一般处于全球生产
链的末端，通过进口技术含量高的零部件，经过简单加工、装配。生产并
出口高技术含量的制造品。因此，低收入国家进口的回归系数显著为正。
中低与中高收入国家该系数显著为正，这是因为中低与中高收入国家由于

① 根据世界银行 WDI 数据库整理得到。

偏好需求相似促进了产业内贸易的发展，因此，制造品进口增加促进了出口增长，从而促进了制造品产出的增加。

3. 中国制造品出口技术含量与人均 GDP 关系的估计结果

通过以上理论与实证分析，可以得出制造品 *TCI* 能够显著地促进制造品产出增长，通过前向与后向经济联系，从而带动整个经济的增长。根据 Rodrik 的研究，*TCI* 与人均 GDP 有显著的正向联系。本书使用 OECD 及中国共 35 个样本国 2010 年的截面数据，检验制造品 *TCI* 与人均 GDP 的关系，结果见图 2 - 2。

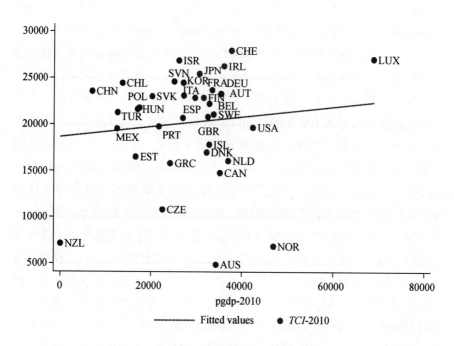

图 2 - 2　2010 年制造品 *TCI* 与人均 GDP 的关系

从图 2 - 2 可以看出，中国制造品的 *TCI* 远远超过其人均 GDP 相应的 *TCI* 值。根据中国 2010 年的人均 GDP，其拟合的制造品 *TCI* 为 19014.981 美元，而该实际值为 23546.395 美元。2010 年与中国制造品 *TCI* 值相当的奥地利与德国的人均收入分别是中国的 5.2 倍和 4.9 倍。[①] 由此可以得出，中国选择偏离比较优势及资源禀赋特点的生产及出口模式，不是简单

---

① 根据世界银行的 WDI 数据库数据整理得到。

地按照劳动力与自然资源丰富的比较优势从事劳动力及资源密集型生产，而是大力加强不具有比较优势的资本及技术密集型制造品的生产与出口。正是这种扶持高技术含量制造品生产和出口的产业政策和贸易模式，才有力地促进了制造品产出增加、技术升级及产业结构优化，继而带动了整个经济的增长。中国实施的这种赶超策略，既可以表现为政府行为，也可以表现为企业行为。就政府而言，它可以实行一定的产业政策，以提升出口产品的技术含量；就企业而言，它们出于本身的盈利动机也会对其出口产品进行更新换代，以取得更强的竞争地位。

通过以上分析得知，中国制造品的 TCI 指标从 2000—2010 年总体呈上升趋势（见图 2 - 1），而且 2010 年远超人均 GDP 对应的 TCI 值（见图 2 - 2）。本书理论与实证分析均得出，制造品 TCI 对制造品产出有显著正向的促进作用，因此，中国目前这种高启的制造品 TCI 及相关的产业政策，保证了中国制造品产出及 GDP 的持续高速增长。

二　制造品出口技术含量对出口的分析

根据以上理论与实证分析，可知一国制造品出口商品篮子的技术含量对产出有促进作用，本书预期制造品技术含量能够正向促进出口增长。借鉴安德森和凡·温库普（2003）关于一国总贸易决定因素的理论模型，可得出类似于（2.17）式的总贸易的引力公式，详见下式：

$$e_{ij} = x_i + x_j + \sum_{v=1}^{V} \gamma_v \ln(\delta_{ij}^v) - (1-\eta)\ln(\Delta_i) - (1-\eta)\ln(P_j) + \varepsilon_{ij} \quad (2.17)$$

式中，$e_{ij} = \ln(E_{ij})$，$x_i = \ln(X_i)$，$\gamma_v = (1-\eta)\lambda_v$，$e_{ij}$ 和 x_i 是可观测的变量，ε_{ij} 是误差项。（2.17）式表示，一国各类产品出口是该国收入、国外需求、贸易障碍及价格因素的函数。

根据（2.17）式，本书使用一修正的引力模型，考察制造品技术含量对制造品出口的影响。设定面板计量模型如下所示：

$$\ln exp_{ijt} = \ln jfd_{ijt} + \ln gdp_{it} + \ln pgdp_{it} + obs_{it} + \varepsilon_{ijt} \quad (2.18)$$

式中，exp_{ij} 为 i 国产品 j 的出口额；jfd_{ij} 即上文定义的 i 国产品 j 的技术含量，代表产品 j 的生产率；gdp_i 与 $pgdp_i$ 分别用于控制 i 国的经济规模与人口规模；设置虚拟变量 obs_i 用于控制地理距离、交易成本等贸易障碍；t 为样本年；ln 表示对变量取自然对数。

（一）数据来源

本书根据 OECD 数据库的分类方法，将制造品分为 18 类产品。取 32

个 OECD 国家[①]与中国 1995—2011 年的制造品出口数据，数据来自 OECD 数据库。各类制造品历年技术含量分别根据上文对 jfd_{ij} 的定义计算所得。gdp_i 与 $pgdp_i$ 来自世界银行 WDI 数据库。

（二）实证检验

根据（2.18）式，本书使用可行广义最小二乘法（FGLS）进行估计。首先，对面板数据进行组内自相关的检验，结果强烈拒绝"不存在一阶组内自相关"的原假设。其次，进行组间异方差的检验，发现存在组间异方差。为估计结果的稳健性，分别使用解决组内自相关的 FGLS 法，与解决组间异方差的 FGLS 法进行估计。解决组内自相关的 FGLS 法又分别使用约束每个面板（个体）的自回归系数均相等，与允许每个面板的自回归系数不同两种方法进行估计。作为对照，也使用最小二乘法（OLS）进行估计。估计结果见表 2－6。

表 2－6　　　　　　　　　制造品技术含量对出口的作用

	被解释变量：制造品出口额 lnexp							
	OLS		FGLS1		FGLS2		FGLS3	
lnjfd	0.770 ***	0.710 ***	0.749 ***	0.717 ***	0.730 ***	0.698 ***	0.770 ***	0.710 ***
	(0.041)	(0.045)	(0.042)	(0.045)	(0.040)	(0.043)	(0.012)	(0.013)
lngdp	0.375 **		0.149 ***		0.166 **		0.375 ***	
	(0.317)		(0.286)		(0.292)		(0.101)	
ln$pgdp$	1.107 ***		0.950 ***		0.620 *		1.107 ***	
	(0.323)		(0.334)		(0.337)		(0.102)	
obs –					85.317 ***			
					(14.961)			
t	0.071 ***	0.058 ***	0.069 ***	0.052 ***	0.065 ***	0.047 ***	0.071 ***	0.058 ***
	(0.002)	(0.003)	(0.008)	(0.011)	(0.008)	(0.010)	(0.001)	(0.001)
$product$	固定效应	固定效应	固定效应	固定效应	固定效应	固定效应	固定效应	固定效应
_ $cons$	-121.429 ***	-96.808 ***	-116.278 ***	-90.660 ***	-109.167 ***	-121.429 ***	-96.808 ***	
	(3.660)	(3.918)	(16.205)	(16.960)	(14.972)	(1.099)	(1.340)	
R^2	0.9830	0.9839	0.9943	0.9946	0.9986	0.9985	0.9830	0.9839

---

① 由于数据可得性，未取卢森堡和斯洛伐克做样本国。

续表

被解释变量：制造品出口额 lnexp

	OLS		FGLS1		FGLS2		FGLS3	
样本 组数			594	594	594	594	594	594
样本数	10080	10098	10080	10098	10080	10098	10080	10098

注：OLS、FGLS1、FGLS2、FGLS3 分别为最小二乘估计法、每个面板（个体）自回归系数均相等条件下解决组内自相关的可行广义最小二乘估计法（FGLS）、每个面板自回归系数不同条件下解决组内自相关的 FGLS 估计法、解决组间异方差的 FGLS 估计法。鉴于篇幅限制，产品（product）的估计值不一一列出。表中括号内为标准差。*、**、*** 分别表示估计系数在 10%、5%、1% 显著性水平上有效。

　　从表 2 – 6 可以看出，制造品技术含量（jfd）均显著正向地促进了出口，且在添加控制变量及使用不同估计方法的情况下，该变量系数均在 0.71 左右，变化不大，表明了估计结果的稳健性。出口国 GDP（gdp）与人均 GDP（$pgdp$）均对制造品出口起到了显著正向的促进作用。贸易障碍（obs）仅在解决组间异方差的 FGLS 估计结果中，显示对制造品出口起到显著的阻碍作用。在其余估计方法中均由于估计系数太小被忽略。估计结果显示，该面板存在产品、时间双固定效应。估计结果的 R^2 均在 0.98 以上，说明模型的拟合效果非常好。

　　通过以上理论与实证分析，可知制造品技术含量是制造品出口的重要影响因素。

第四节　中国高科技制造品出口技术含量分析

　　通过上文分析可知，中国大力发展高技术含量制造品的出口，而且经实证检验，中国制造品的技术含量显著正向地促进了制造品产出与出口的增长。因此，本书进一步对中国高科技制造品贸易发展及技术含量进行梳理与分析，以考察高科技制造品技术含量对出口的促进作用。

一　中国高科技制造品贸易发展分析

　　如上文所述，本书根据 OECD 数据库的分类方法，将七类制造品定义为高科技制造品。根据 UN Comtrade 数据库中国际贸易分类方法的对应转换表，可将 ISIC 分类中的产品与 HS 分类中的产品相对应，具体产品描述见表 2 - 7。

表 2 - 7 中国高科技制造品分类

ISIC 分类	主要包含的 HS 分类	产品举例
化学和化学产品（CM）	大部分第 6 类和部分 3 类、5 类、7 类、8 类、无机及有机化学品、药品、颜料、9 类、11 类、14 类、16 类产品	染料、油漆、墨水、精油香膏等
机械和设备（ME）	大部分第 16 类和部分第 15 类、17 类、核反应堆、锅炉、机器、电机、电 18 类、11 类产品	电气设备、钢铁制品、车辆等
办公及计算器具（OAC）	部分第 16 类、18 类产品	打字机、计算器、自动数据处理机
电气机械及设备（EMA）	部分第 16 类、8 类和 20 类产品	电动机、发电机、变压器等
无线电及通信设备（RTC）	部分第 16 类产品	有线电话、电子录音录像设备等
医疗设备、精密及光学仪器（MPO）	部分第 16 类、18 类和 20 类产品	雷达、电气信号和流量控制设备等
其他运输设备（OTE）	大部分第 17 类和部分第 16 类	飞机、航天器等零件、涡轮喷气发动机及零件等

注：产品分类基于 OECD 数据库 ISIC Rev3，HS 分类基于 HS2007。

资料来源：根据 OECD 数据库 ISIC Rev3 分类数据整理。

（一）中国高科技制造品贸易现状及发展态势

按照上述对高科技制造品的分类方法，本书将中国七类高科技制造品的贸易现状及发展趋势与 OECD 国家总体情况进行比较。

1. 中国与 OECD 国家高科技制造品出口份额的比较

中国各类高科技制造品出口占其高科技制造品总出口份额与 OECD 国家总体该份额的对比情况如图 2 - 3 所示。

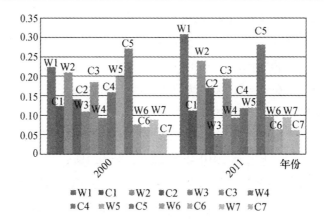

图 2 – 3　OECD 国家与中国各类高科技制造品出口占
高科技制造品总出口份额对比

注：W1 表示 OECD 国家总体第一类高科技制造品出口占 OECD 国家总体高科技制造品总出口的份额，C1 表示中国第一类高科技制造品出口占中国高科技制造品总出口的份额，其余以此类推。W1—W7（C1—C7）依次代表化学和化学产品（CM）、机械和设备（ME）、办公、记账及计算器具（OAC）、电气机械及设备（EMA）、无线电、电视及通信设备（RTC）、医疗设备、精密及光学仪器（MPO）及其他运输设备（OTE）。

资料来源：根据 OECD 数据库计算整理。

从图 2 – 3 可以看出，首先，2000 年与 2011 年相比，各类高科技制造品的出口份额基本保持了相同的发展态势。即与中国相比，OECD 国家在化学和化学产品、机械和设备、医疗设备、精密及光学仪器及其他运输设备类产品上保持相对较大的出口份额。中国在办公、记账及计算器具、电气机械及设备、无线电、电视及通信设备类产品上出口份额相对较大。其次，一方面，中国与 OECD 国家双方各类高科技制造品出口份额的这种既有优势总体上呈扩大趋势。OECD 国家在化学和化学产品及医疗设备、精密及光学仪器类产品上的出口份额分别由 2000 年的 22.4% 与 7.7% 上升到 2011 年的 30.8% 与 9.7%，分别增长了 8.4% 与 2%。而中国的出口份额分别由 2000 年的 12.3% 与 7% 下降到 2011 年的 11.2% 与 6.4%，分别减少了 8.9% 与 8.4%，双方的差距分别由 2000 年的 10 个与 0.7 个百分点，扩大到 2011 年的 20 个与 3 个百分点。同样，中国在办公、记账及计算器具及无线电、电视及通信设备类产品出口份额上继续保持并扩大了对 OECD 国家的优势，中国这两类产品的出口份额分别由 2000 年的

18.5%与27%，上升到2011年的19.3%与28.1%。OECD国家则分别由2000年的10.9%与19.9%，下降到4.9%与11.9%。与中国分别增长了0.8个与1个百分点相比，OECD国家分别减少了6个与8个百分点，双方差距分别由7.6%与7.1%扩大到14.4%与16.2%。另一方面，中国与OECD国家其余各类产品出口份额的差距保持基本不变或呈减小趋势。OECD国家机械和设备及其他运输设备类产品的出口份额分别由2000年的21%与8.7%，上升到2010年的23.9%与9.4%，与之相比，中国的出口份额分别由14%与5.2%，上升到17.1%与6%，双方差距分别由7个与3.5个百分点，变为6.8个与3.4个百分点，基本保持不变。中国电气机械及设备的出口份额由2000年的15.9%，下降到2010年的11.8%，而OECD国家的出口份额由9.3%变为9.4%，双方差距由6.6%缩小为2.4%。

2. 中国与OECD国家总体高科技制造品出口增长率的比较

从以上对中国高科技制造品出口份额发展趋势的对比分析可以看出，中国在机械和设备、办公、记账及计算器具、无线电、电视及通信设备与其他运输设备类产品出口份额上有不同程度的增长，在化学和化学产品、电气机械及设备与医疗设备、精密及光学仪器类产品的出口份额上出现下降。但中国出口份额下降的几类产品的出口额2000—2011年分别增长了8.5%、6.7%与8.5%，由于其余几类高科技制造品增长幅度较大，导致中国高科技制造品总出口额增长大于化学和化学产品、电气机械及设备与医疗设备、精密及光学仪器类产品的出口额，因此，导致这几类产品份额下降。

进一步，本书从出口增长率角度，对中国与OECD国家总体高科技制造品出口发展趋势进行比较。首先，对1994年、2000年、2005年及2011年中国与OECD国家总体各类产品出口增长率进行比较，结果如表2-8所示。

表2-8　中国与OECD国家总体各类高科技制造品出口增长率对比　单位:%

	OECD国家总体				中国			
	1994年	2000年	2005年	2011年	1994年	2000年	2005年	2011年
CM	17.1	6.5	10.9	8.1	37.3	17.8	34.6	29.7
ME	13.5	5.1	8.8	16.7	22	39.3	30.8	22

续表

	OECD 国家总体				中国			
	1994 年	2000 年	2005 年	2011 年	1994 年	2000 年	2005 年	2011 年
OAC	15.5	13.1	2.9	5.2	61.8	39.4	27.1	6
EMA	18.9	9.9	8.3	11	36.3	28.4	25.8	20.3
RTC	35.4	26.2	4.8	0.2	53.5	47.1	35.3	14.4
MPO	11.1	11.5	11.2	11.9	27.95	24	41.7	16.5
OTE	5.3	-1.4	7.2	6.8	40.6	33.8	28.8	14.2

注：CM、ME、OAC、EMA、RTC、MPO 及 OTE 分别代表七类高科技制造品，其具体含义如表 2 - 7 所述。

资料来源：根据 OECD 数据库计算整理。

　　从表 2 - 8 可知，中国各类高科技制造品出口增长率在各样本年均高于 OECD 国家总体的增长率。1993—2011 年，OECD 国家总体与中国各类高科技制造品出口增长率的发展趋势分别如图 2 - 4 及图 2 - 5 所示。

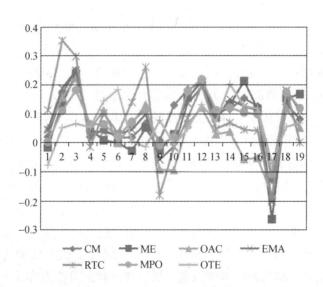

图 2 -4　OECD 国家总体各类高科技制造品历年出口增长率趋势

注：1—19 分别代表 1993—2011 年。CM、ME、OAC、EMA、RTC、MPO 及 OTE 分别代表七类高科技制造品，其具体含义如表 2 - 7 所述。

资料来源：根据 OECD 数据库计算整理。

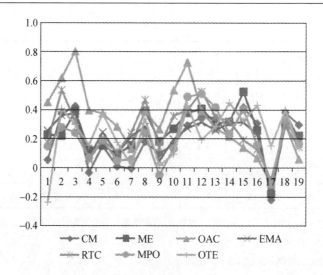

图 2 - 5 中国各类高科技制造品历年出口增长率趋势

注：1—19 分别代表 1993—2011 年。CM、ME、OAC、EMA、RTC、MPO 及 OTE 分别代表七类高科技制造品，其具体含义如表 2 - 7 所示。

资料来源：根据 OECD 数据库计算整理。

从图 2 - 4 及图 2 - 5 可以看出，除个别年份、个别类产品外 [如办公、记账及计算器具（OAC）类产品在 1995 年、2003 年增长率超过 60%，除其他运输设备外，所有类别高科技制造品在 2009 年均出现负增长]，中国各类高科技制造品的出口增长率总体上在 0—60% 之间波动，而且均高于 OECD 国家总体各类产品的增长率。OECD 国家总体该增长率在正负 30% 之间波动。由于受全球经济危机的影响，2009 年双方各类产品出口增长率均出现负值，且 OECD 国家总体负增长幅度更大。

从中国与 OECD 国家高科技制造品出口份额与增长率的比较可知，中国的高科技制造品出口呈现出快速持续发展的趋势。图 2 - 5 显示，中国各类高科技制造品出口增长率波动幅度较大，造成历年各类产品贸易差额出现变化，导致总贸易差额出现顺、逆差的交替，因此，需要对引起中国高科技制造品贸易差额的主要因素。换言之，对中国各类高科技制造品贸易差额在总贸易差额中的占比展开分析。

3. 中国各类高科技制造品贸易差额在总贸易差额中的比重

1992—2011 年，中国各类高科技制造品贸易差额的比重如图 2 - 6 所示。

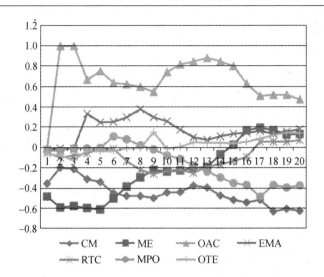

图2-6　中国历年各类高科技制造品贸易差额

在高科技制造品总贸易差额中的比重

注：1—20分别代表1992—2011年。CM、ME、OAC、EMA、RTC、MPO及OTE分别代表七类高科技制造品，其具体含义如表2-7所示。

资料来源：根据OECD数据库计算整理。

从图2-6可以看出，化学和化学产品（CM）类高科技制造品贸易自1992—2011年整个样本期间均为逆差，且其贸易逆差占高科技制造品总贸易逆差的比重呈逐年增大的趋势。除1992—1997年其逆差占总贸易逆差的比重排名第二以外，1998—2011年，该比重始终处于第一位，说明该类产品是造成历年中国高科技制造品贸易逆差的最主要因素。机械和设备（ME）类产品在2006年之前，其贸易余额均为逆差，1992—1997年，该类产品的贸易逆差在总贸易逆差中的占比均排在首位，1998—2006年，该占比逐渐减小。2006年之后，该类产品出现贸易顺差，且在总贸易顺差中占据较大的比重。表明该类产品在中国高科技制造品贸易中，由最初在形成总贸易逆差中起最主要作用，到作用逐渐减弱，发展到近年来是形成总贸易顺差的主要因素。办公及计算器具（OAC）类产品自1993—2011年始终为贸易顺差，且其贸易顺差占总贸易顺差的比重均高居高科技制造品各别的首位，说明该类产品是促进中国高科技制造品贸易顺差形成的最主要因素。电气机械及设备（EMA）类产品类似于办公及计算器具（OAC）类产品，除在1992—1994年基本为贸易平衡外，1995—

2011 年均为贸易顺差，且该类产品的贸易顺差在高科技制造品总贸易顺差中的比重在大部分样本期间仅次于办公及计算器具类产品，说明该类产品也是形成中国高科技制造品总贸易顺差的主要因素。无线电及通信设备（RTC）类产品在 1992—2008 年均存在贸易逆差，其逆差占高科技制造品总贸易逆差的比重在 1998—2004 年较大外，其余年份均较小，说明该类产品在总贸易逆差中所起的作用由小变大再变小，呈现出波动趋势。2008—2011 年该类产品出现贸易顺差，该顺差占高科技制造品总贸易顺差的比重均较小，表明这个时期该类产品是形成总贸易顺差的次要因素。医疗设备、精密及光学仪器（MPO）类产品在 1992—1996 年基本呈贸易平衡状态，除在 1997—1999 年出现短暂的贸易顺差外，2000—2011 年均为贸易逆差，且其贸易逆差占高科技制造品总贸易逆差的比重呈逐年增大的趋势，到 2004 年，该比重位列各类高科技制造品的第二位，仅次于化学和化学产品的比重，说明该类产品在中国高科技制造品贸易逆差形成中所起的作用呈现越来越大的趋势。其他运输设备（OTE）类产品在样本期间由贸易逆差逐渐过渡到贸易顺差，但其贸易差额在高科技制造品总贸易差额中的占比均较小，说明该类产品是高科技制造品总贸易余额形成的次要因素。

（二）中国各类高科技制造品的比较优势和贸易竞争力

1. 中国各类高科技制造品的比较优势

根据巴拉萨（Balassa，1965），本书使用显示性比较优势指数（XBY）来测度中国各类高科技制造品的比较优势，该指数如下所示：

$$XBY_{ij} = \frac{X_{ij}/X_i}{\sum_i X_{ij} \Big/ \sum_i X_i} \qquad (2.19)$$

式中，X_{ij} 代表 i 国 j 类产品的出口额，这里指中国各类高科技制造品的出口额；X_i 代表 i 国的总出口额，这里指中国的总出口额；$\sum_i X_{ij}$ 代表所有样本国 j 类产品的总出口额，这里指中国与 34 个 OECD 国家各类高科技制造品的总出口额；$\sum_i X_i$ 代表所有样本国的总出口，这里指中国与 34 个 OECD 国家的总出口额；X_{ij}/X_i 代表 i 国 j 类产品出口额占 i 国总出口额的比重，这里指中国各类高科技制造品出口额占中国总出口额的比重；$\sum_i X_{ij} \Big/ \sum_i X_i$ 代表全部样本国 j 类产品的总出口额占全部样本国总出口额的比重，这里指中国与34个OECD国家各类高科技制造品的总出口额占中国与34个OECD国家总出口额的比重，它表示样本国各类高科技制造品出口额占总出口额的平均比重。XBY大于1，说明该类产品具有比较优势，这里指中国该类高科技制造品具有比较优势；该指数小于1，说明该类产品不具有比较优势。该指数越大，代表该类产品比较优势越强；反之，比较优势越弱。本书计算了中国各类高科技制造品的显示性比较优势指数，详见表2-9。

表2-9　中国历年各类高科技制造品的显示性比较优势指数（XBY）

	XBY_{ij}										
	1992年	1995年	2000年	2003年	2005年	2006年	2007年	2008年	2009年	2010年	2011年
CM	0.53	0.58	0.47	0.38	0.4	0.39	0.44	0.48	0.4	0.44	0.49
ME	0.32	0.38	0.57	0.66	0.7	0.73	0.83	0.88	0.91	0.92	0.9
OAC	0.32	0.72	1.39	2.93	3.08	3.08	3.22	3.29	3.23	3.2	3.03
EMA	0.92	1.1	1.4	1.35	1.29	1.3	1.37	1.42	1.39	1.43	1.43
RTC	1.03	1.0	1.13	1.71	1.99	2.12	2.17	2.19	2.24	2.17	2.34
MPO	0.76	0.83	0.77	0.68	0.8	0.79	0.9	0.9	0.84	0.86	0.84
OTE	0.36	0.39	0.5	0.46	0.45	0.48	0.52	0.62	0.71	0.83	0.83

注：CM、ME、OAC、EMA、RTC、MPO及OTE分别代表七类高科技制造品，其具体含义如表2-7所述。

资料来源：根据OECD数据库计算整理。

从表2-9可以看出，中国化学和化学产品（CM）类高科技制造品在样本年份期间均不具有比较优势，且相比于20世纪90年代，2000年以来，该类产品的比较优势指数普遍有所下降，表明更不具有比较优势。但2009年受全球经济危机冲击后，该比较优势指数有上升的趋势。机械和设备（ME）类产品在样本期间显示性比较优势指数呈递增的态势，但始终未超过1，表明该类产品不具有比较优势。2011年该比较优势指数已接近1，按这种趋势发展下去，该类产品在不久的将来会成为中国具有比较优势的高科技制造品。办公及计算器具（OAC）类产品比较优势指数在样本期间呈明显的递增趋势，由最初不具有比较优势，逐渐在20世纪末转变为具有比较优势。2000—2008 年，该类产品的比较优势指数增长迅猛，2008 年后，基本保持平稳的状态，表明该类产品已具有很强的比较优势。电气机械及设备（EMA）类产品在样本期间总体上具有比较优势，除 1992 年其比较优势指数小于 1（0.92）外，其余年份均大于 1，且较稳定，波动幅度小于 50%，说明该类产品为具有稳定比较优势的产品，但其比较优势较弱。无线电及通信设备（RTC）类产品在样本期间始终是具有比较优势的产品，且其比较优势呈递增趋势，由 20 世纪 90 年代具有较弱的比较优势，发展到现在成为在中国仅次于办公及计算器具（OAC）类产品外，具有较强比较优势的高科技制造品。医疗设备、精密及光学仪器（MPO）类产品在整个样本期间比较优势指数较平稳，保持在 0.76—0.9，表明，该类产品尚不具有比较优势。其他运输设备（OTE）类产品在样本期间比较优势指数呈递增趋势，至 2011 年，该指数已达到医疗设备、精密及光学仪器（MPO）类产品的水平，但未超过 1，说明该类产品也不具有比较优势。

　　从以上分析中可知，中国办公及计算器具（OAC）、电气机械及设备（EMA）与无线电及通信设备（RTC）类高科技制造品为具有比较优势的产品。在图 2－3 中，与中国其他几类高科技制造品相比，这三类产品出口占中国高科技制造品总出口的份额均高于 OECD 国家总体的相应份额。电气机械及设备（EMA）类产品比较优势较弱，且在样本期间总体较平稳，不像另两类产品呈上升趋势，在图 2－3 中，该类产品的出口份额出现下降，另两类产品的出口份额则有不同程度的上升。在图 2－6 中，中国办公及计算器具（OAC）与电气机械及设备（EMA）类产品在样本期间表现为贸易顺差，且占历年中国高科技制造品总贸易顺差的比重基本居于头两位，是形成中国高科技制造品总贸易顺差的最主要因素。无线电及通信设备（RTC）类产品虽然在多数样本期间出现贸易逆差，但历年其贸易逆差占中国高科技制造品总贸易逆差的比重较小，且其贸易余额呈由逆差到顺差的递增趋势，与该类产品比较优势指数逐渐增长的趋势相符合。化学和化学产品（CM）与医疗设备、精密及光学仪器（MPO）类产品在样本期间比较优势指数较平稳，但不具有比较优势，图 2－3 中，这两类产品出口占中国高科技制造品总出口的份额低于 OECD 国家总体的相应份额，且中国这两类产品的出口份额均出现下降。在图 2－6 中，这两类产品在样本期间基本为贸易逆差，且在中国高科技制造品总贸易逆差中占据最大的比重，是历年导致中国高科技制造品总贸易逆差出现的两个最主要因素。机械和设备（ME）与其他运输设备（OTE）类产品同样不具有比较优势，但在样本期间这两类产品的比较优势指数呈上升趋势，且机械和设备类产品比较优势指数上升的幅度大于其他运输设备类产品，在图 2 - 3 中，这两类产品的出口份额均表现出低于 OECD 国家总体的相应份额，但它们的出口份额均出现上升，且机械和设备类产品出口份额上升的幅度大于与其他运输设备类产品。在图 2 - 6 中，这两类产品在样本期间均表现出由贸易逆差向顺差的递增趋势，但相较于中国其他几类高科技制造品，机械和设备类产品 20 世纪 90 年代的贸易逆差占中国高科技制造品总贸易逆差的比重最大。其他运输设备类产品由贸易逆差向顺差递增的趋势较无线电及通信设备类产品过于平缓。

2. 中国各类高科技制造品的出口竞争力

从表 2 - 8 可知，中国各类高科技制造品出口增长率样本期间均大于 OECD 国家整体各类高科技制造品出口的增长率，不考虑各类产品进口的情况下，无法反映出各类产品的比较优势。而且，根据 Greenaway 和 Milner（1993），传统的比较优势指数（XBY）通常忽略了进口贸易在计算比较优势时的重要性，尤其在经济规模较大时容易导致计算偏差，因此本书引入贸易竞争力指数（MJZ），以此反映出中国各类高科技制造品的竞争力状况。借鉴 Webster 和 Gilroy（1995），贸易竞争力指数（MJZ）定义为：

$$MJZ_j = (X_j - M_j)/(X_j + M_j) \tag{2.20}$$

式中，MJZ_j 表示一国 j 产品的贸易竞争力指数，X_j 表示一国 j 产品的出口额，M_j 表示该国 j 产品的进口额。MJZ_j 的取值范围为 [-1，1]，MJZ_j 取值越与零接近，表明 j 产品的竞争优势越接近于平均程度，竞争优势指数 MJZ_j 大于零，代表 j 产品具有竞争优势，MJZ_j 越大，越接近于 1，代表 j 产品竞争优势越大。反之，MJZ_j 小于零，代表 j 产品不具有竞争优势，或者说具有竞争劣势，MJZ_j 越接近于 -1，代表 j 产品竞争劣势越大。具体而言，当 MJZ_j 属于（0，0.3] 时，表示 j 产品具有较弱的竞争优势；属于（0.3，0.6] 时，表示 j 产品具有较强的竞争优势；属于（0.6，1] 时，表示 j 产品具有极强的竞争优势。反之，当 MJZ_j 属于 [-1，-0.6) 时，表示 j 产品具有极强的竞争劣势；属于 [-0.6，-0.3)，表示 j 产品具有较强的竞争劣势；属于 [-0.3，0）时，表示 j 产品具有较弱的竞争劣势。根据以上定义，本书测算了历年中国高科技制造品的贸易竞争力指数（*MJZ*），如图 2 - 7 所示。

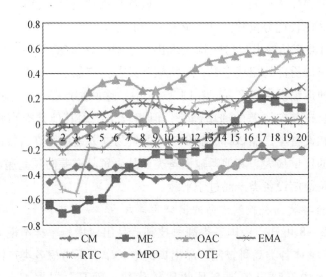

图 2 - 7　中国历年各类高科技制造品贸易竞争力指数趋势

注：1—20 分别代表 1992—2011 年。CM、ME、OAC、EMA、RTC、MPO 及 OTE 分别代表七类高科技制造品，其具体含义如表 2 - 7 所示。

资料来源：根据 OECD 数据库计算整理。

从图 2 - 7 可以看出，办公及计算器具（OAC）与电气机械及设备（EMA）类产品在大多数样本年份均具有竞争优势，且它们的竞争优势呈递增趋势，到 2011 年，这两类产品的贸易竞争力指数分别达到 0.57 与 0.29，说明具有或接近具有较强的竞争优势。无线电及通信设备（RTC）类产品在 2008 年以后具有微弱的竞争优势以外，其余样本年份均不具有竞争优势。而该类产品在 1992—2011 年均具有比较优势。化学和化学产品（CM）与医疗设备、精密及光学仪器（MPO）类产品在样本期间总体上不具有竞争优势（医疗设备、精密及光学仪器类产品在个别年份具有微弱的竞争优势除外）。化学和化学产品类产品呈现出由具有较强竞争劣势转变为较弱竞争劣势的趋势，医疗设备、精密及光学仪器类产品在样本期间呈竞争劣势渐趋加强的趋势。机械和设备（ME）与其他运输设备（OTE）类产品由具有竞争劣势逐渐演变为竞争优势。机械和设备类产品由 1992—1996 年具有极强的竞争劣势演变为竞争劣势逐渐减弱，到 2006

年，转变为具有较弱的竞争优势，且竞争优势逐渐增强。其他运输设备类产品由 1993—1994 年具有较强的竞争劣势，逐渐演变为具有竞争优势，2008 年该类产品由竞争优势较弱转变为较强。

　　根据以上分析，本书发现，中国办公及计算器具（OAC）及电气机械及设备（EMA）类产品是既具有比较优势又具有竞争优势的产品，无线电及通信设备（RTC）类产品仅有比较优势，无竞争优势。在图 2-3 中，与中国其他几类高科技制造品相比，这三类产品出口占中国高科技制造品总出口的份额均高于 OECD 国家总体的相应份额。电气机械及设备（EMA）类产品比较优势较弱，且在样本期间总体较平稳，不像另两类产品比较优势指数呈上升趋势。与此相应，该类产品在图 2-3 中表现为出口份额下降，另两类产品的出口份额则有不同程度的上升。在图 2-6 中，中国办公及计算器具（OAC）与电气机械及设备（EMA）类产品在样本期间表现为贸易顺差，且占历年中国高科技制造品总贸易顺差的比重基本居于头两位（电气机械及设备类产品在个别年份比重稍微下降除外），是形成中国高科技制造品总贸易顺差的最主要因素。表现在图 2-7 中，这两类产品具有较强的竞争优势。无线电及通信设备（RTC）类产品虽然在多数样本期间出现贸易逆差，但历年其贸易逆差占中国高科技制造品总贸易逆差的比重较小，且其贸易余额呈由逆差到顺差的递增趋势，与该类产品比较优势指数逐渐增长的趋势相符合。由于该类产品多数样本期间出现贸易逆差，致使其如图 2-7 所示，在出现贸易逆差的年份不具有竞争优势。化学和化学产品（CM）与医疗设备、精密及光学仪器（MPO）类产品在样本期间比较优势指数小于 1 且较平稳，表明均不具有比较优势。除精密及光学仪器类产品在 1996—1999 年具有较弱的竞争优势外，这两类产品在样本期间均不具有竞争优势，且竞争劣势较明显，但竞争劣势有减弱的趋势。不具有比较优势表现在图 2-3 中，这两类产品出口占中国高科技制造品总出口的份额低于 OECD 国家总体的相应份额。且由于它们的在样本期间比较优势指数较平稳，致使图 2-3 中这两类产品的出口份额均出现下降。这两类产品较强的竞争劣势表现在图 2-6 中，即在样本期间基本为贸易逆差，且在中国高科技制造品总贸易逆差中占据最大的比重，是历年导致中国高科技制造品总贸易逆差出现的两个最主要因素。机械和设备（ME）与其他运输设备（OTE）类产品同样不具有比较优势，但在样本期间这两类产品的比较优势指数呈上升趋势，且机械和设备类产品比较优势指数上升的幅度大于其他运输设备类产品。表现在图 2 - 3 中，这两类产品的出口份额均表现出低于 OECD 国家总体的相应份额，但它们的出口份额均出现上升，且机械和设备类产品出口份额上升的幅度大于与其他运输设备类产品。这两类产品在样本期间由具有竞争劣势向竞争优势转变。表现在图 2 - 6 中，这两类产品在样本期间均表现出由贸易逆差向顺差的发展趋势。但相较于中国其他几类高科技制造品，机械和设备类产品 20 世纪 90 年代的贸易逆差占中国高科技制造品总贸易逆差的比重最大。其他运输设备类产品由贸易逆差向顺差递增的趋势较无线电及通信设备类产品过于平缓。导致这两类产品不像无线电及通信设备类产品具有比较优势。

　　从对以上中国各类高科技制造品的贸易现状及发展趋势的分析中可知，中国各类高科技制造品的比较优势（用 BY 表示）、竞争优势（用 JY 表示）、中国各类高科技制造品出口在中国高科技制造品总出口中的份额与 OECD 国家总体相应份额的比较（用 Q_c1 表示中国的该份额，Q_w1 表示 OECD 国家总体的该份额）及中国各类高科技制造品贸易余额在中国高科技制造品总贸易余额中的比重（用 Q_N2 表示贸易逆差占比，Q_S2 表示贸易顺差占比）之间存在密切联系。本书将以上分析的各变量统称为发展指数，并将它们之间的关系总结如表 2 - 10 所示。

表 2 - 10　　　　　　中国高科技制造品发展指数之间的关系

	BY	BY 趋势	JY	$Q1$			$Q2$	
				Q_c1	Q_c1 变化	Q_w1	Q_N2	Q_S2
化学和化学产品（CM）	无	平稳	无		下降	高	最大	
机械和设备（ME）	无	上升	由无到有		上升	高	由最大趋无	较小
办公及计算器具（OAC）	有	上升	较强	高	上升			最大
电气机械及设备（EMA）	有	平稳	强	高	下降			较大
无线电及通信设备（RTC）	有	上升	由无到有	高	上升		由较小趋无	较小
医疗、精密及光学仪器（MPO）	无	平稳	无		下降	高	较大	
其他运输设备（OTE）	无	上升	由无到有		上升	高	由较小趋无	较小

　　根据表 2 - 10 可知，在应对外部各种冲击对中国各类高科技制造品贸

易的负面影响时，可制定相应的政策措施以促进贸易的良性发展。具体而言，为克服各类产品贸易逆差的持续加重，可制定措施促使该类产品比较优势指数上升，并提高其上升的幅度，使贸易逆差减弱，并逐渐转变为顺差。或提高该类产品的贸易竞争优势指数，增大其竞争力，使该类产品逐渐具有竞争优势，即可减小并逐渐消除逆差。上述两种方法需要增大该类产品的出口，减少进口，或两者兼具。

在当今人民币持续升值的背景下，形成了有利于进口，同时对出口不利的局面。出口的扩大涉及国外需求，不能由国内单方面掌控。而单纯为减小逆差，采取控制进口的措施，会影响国内需求，妨碍经济建设的正常运行。因此，若要提高该类产品的竞争力，根据波特的竞争优势理论，核心是提高其出口产品的技术含量。

二　中国高科技制造品出口技术含量分析

为对中国高科技制造品出口技术含量做一全面、系统的了解，本书从中国各类高科技制造品出口技术含量与高科技制造品总体出口技术含量两方面展开分析。

（一）中国各类高科技制造品的出口技术含量分析

为分析中国各类高科技制造品的出口技术含量，本书使用上文定义的产品出口技术含量指标 JFD_j：

$$JFD_j = \sum_i \frac{(x_{ij}/X_i)}{\left(\sum_i x_{ij} \middle/ \sum_i X_i\right)} Y_i \tag{2.21}$$

$$JFD_j = \sum_i JFD_{ij} \tag{2.22}$$

$$JFD_{ij} = \frac{(x_{ij}/X_i)}{\left(\sum_i x_{ij} \middle/ \sum_i X_i\right)} Y_i \tag{2.23}$$

这里，JFD_j 代表 j 类高科技制造品的出口技术含量，JFD_{ij} 代表 i 国 j 类高科技制造品的出口技术含量，x_{ij} 代表 i 国 j 类高科技制造品的出口额，X_i 代表国家 i 的总出口额，Y_i 代表国家 i 的人均 GDP，(x_{ij}/X_i) 代表国家 i 总出口篮子中 j 类高科技制造品的出口份额，$\sum_i x_{ij} \middle/ \sum_i X_i$ 代表样本国 j 类高科技制造品总出口占 OECD 国家总体与中国总出口的份额，即 j 类科技制造品在样本国的平均出口份额，$\dfrac{(x_{ij}/X_i)}{\left(\sum_i x_{ij} \middle/ \sum_i X_i\right)}$ 代表 i 国 j 类高科技制造品的显示性比较优势指数(XBY_{ij})（Balassa，1965）。

　　1994 年、2005 年、2011 年中国对澳大利亚、加拿大、法国、德国、意大利、日本、韩国、荷兰、英国及美国高科技制造品总出口占中国对世界高科技制造品总出口的比重分别为 50.9%、51.2% 与 43.9%[①]，是中国高科技制造品出口额最大的目的地之一，因此，分析这十个 OECD 国家的高科技制造品技术含量，并与中国进行比较具有典型代表意义。本书取 34 个 OECD 国家与中国做样本国，利用 OECD 数据库中各国的出口数据，首先计算得到中国与这十个 OECD 样本国各国及各类高科技制造品的显示性比较优势指数（XBY_{ij}）。然后，利用世界银行 WDI 数据库中各国的人均 GDP 数据，计算得到中国与这十个 OECD 样本国各国及各类高科技制造品的技术含量（JFD_{ij}）。根据测算结果，本书将 1994 年、2005 年与 2011 年这 11 个国家各类高科技制造品按技术含量由低到高进行了排序，详见表 2 - 11。

表 2 - 11　　　　主要国家各类高科技制造品按出口技术含量由低到高排序

由低到高排序	JFD_{ij}		
	1994 年	2005 年	2011 年
	a b c d e f g	a b c d e f g	a b c d e f g
中国 CHN	7 2 3 1 6 5 4	1 7 2 6 4 5 3	1 7 6 2 4 5 3
澳大利亚 AUS	5 2 4 6 7 1 3	5 3 4 2 7 1 6	5 4 3 7 2 1 6
加拿大 CAN	3 6 4 5 2 1 7	3 6 5 4 1 2 7	3 5 4 6 2 1 7
法国 FRA	5 3 6 2 4 1 7	3 5 6 2 4 1 7	3 5 2 6 4 1 7
德国 GER	3 5 7 6 4 1 2	5 3 7 1 6 4 2	5 3 7 1 6 4 2
意大利 ITA	5 3 6 7 1 4 2	3 5 6 1 7 4 2	3 5 6 7 1 4 2
日本 JAP	1 7 2 6 4 3 5	1 3 7 4 2 6 5	3 1 7 4 5 6 2
韩国 HOR	6 2 1 3 4 7 5	2 1 4 6 3 7 5	3 2 1 4 6 5 7
荷兰 NED	7 2 5 4 6 1 3	7 4 2 5 6 1 3	7 4 2 5 6 1 3
英国 UK	4 5 2 6 1 7 3	5 4 2 3 6 1 7	3 5 4 2 6 1 7
美国 USA	1 4 2 5 6 3 7	4 1 3 5 2 6 7	4 5 3 2 1 6 7

　　注：1—7 分别代表化学和化学产品（CM）、机械和设备（ME）、办公及计算器具（OAC）、电气机械及设备（EMA）、无线电及通信设备（RTC）、医疗设备、精密及光学仪器（MPO）与其他运输设备（OTE）类高科技制造品。

　　资料来源：根据 OECD 数据库计算整理。

---

　　① 根据 OECD 数据库计算整理。

从表 2 - 11 可看出，各国各类高科技制造品按技术含量排序除个别类产品有较大变动外，基本没有大的调整（排序变化超过 3 位）。中国变化最大的产品类别是办公及计算器具（OAC），由 1994 年排在所有七类高科技制造品技术含量第三低的水平，跃居到 2005 年技术含量最高水平，并稳定在该水平。澳大利亚的办公及计算器具（OAC）类产品由最初的最高技术含量降到第三低，与中国正好相反。日本的办公及计算器具（OAC）类产品与机械和设备（ME）类产品的技术含量分别由第二高与第三低，变化到最低与最高。韩国的医疗设备、精密及光学仪器（MPO）类产品技术含量由最低上升到第三高水平。英国的办公及计算器具（OAC）类产品技术含量由最高下降到最低水平。美国的化学和化学产品（CM）类产品技术含量由最低上升到第三高，办公及计算器具（OAC）类产品的技术含量由第二高下降到第三低水平。

根据以上排序，本书分别将样本年十个 OECD 国家不同出口技术含量的各类高科技制造品出口额占各国高科技制造品总出口额的份额与中国的该份额进行比较，结果如图 2 - 8、图 2 - 9 与图 2 - 10 所示。

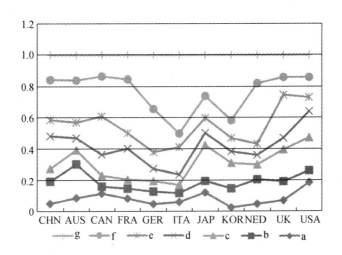

图 2 - 8　1994 年中国与十个 OECD 国家各类高科技制造品出口全球市场份额累计分布

注：a—g 分别代表技术含量由低到高的各类高科技制造品，各国对应值详见表 2 - 11。

资料来源：根据 OECD 数据库计算整理。

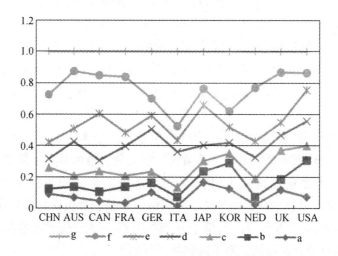

图 2 - 9　2005 年中国与十个 OECD 国家各类高科技

制造品出口全球市场份额累计分布

注：a—g 分别代表技术含量由低到高的各类高科技制造品，各国对应值详见表 2 - 11。

资料来源：根据 OECD 数据库计算整理。

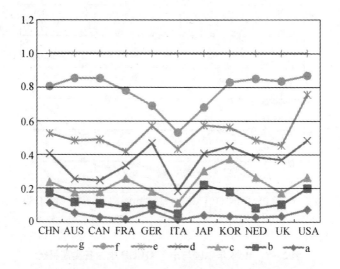

图 2 - 10　2011 年中国与十个 OECD 国家各类高科技制造品

出口全球市场份额累计分布

注：a—g 分别代表技术含量由低到高的各类高科技制造品，各国对应值详见表 2 - 11。

资料来源：根据 OECD 数据库计算整理。

　　从图2-8至图2-10可知,1994年,中国与OECD样本国高科技制造品出口份额最大的两类产品中,技术含量排名在前两位的占50%,2005年与2011年这一数字均为55%。说明全部样本国高科技制造品出口全球市场份额最大的产品集中于技术含量最高的几类产品,从而验证了高科技制造品技术含量是促进其出口的主要影响因素。

　　从中国各类高科技制造品出口结构来看,1994年,中国出口份额最大的三类高科技制造品为无线电及通信设备(RTC)、化学和化学产品(CM)与电气机械及设备(EMA)类产品,其份额分别为25.6%、20.8%与16%。与之相比,OECD样本国在中国出口份额最大的两类高科技制造品之一——无线电及通信设备类产品上的出口份额情况为:澳大利亚、法国、德国、意大利与荷兰5国的平均份额为8%,美国、英国与加拿大的平均份额为14.1%,日本与韩国的平均份额为33.9%,10个OECD样本国总体平均值为15%。说明在该类高科技制造品出口份额方面,中国与同是亚洲国家的日本(25.9%)与韩国(41.8%)相近,这是因为该类产品多选择在亚洲国家(如中国、韩国)进行加工组装后出口到国际市场。在化学和化学产品(CM)类产品的出口份额,日本与韩国的平均值为14.2%,其余8个OECD样本国平均值为27.2%,样本国总体平均值为24.6%。中国在该类产品的出口份额低于OECD样本国平均值。2005年,中国出口份额最大的三类高科技制造品5为无线电及通信设备(RTC)、办公及计算器具(OAC)与机械和设备(ME)类产品,其份额分别为30.3%、27.5%与13.4%。日本与韩国在无线电及通信设备类产品上的出口份额平均值为30.6%(其中日本与韩国分别为23.4%与37.9%),其余8国均值为10.9%,样本国总体平均值为14.8%。说明中国及亚洲国家在该类高科技制造品在全球生产网络中加工出口的重要地位继续得到加强。办公及计算器具类高科技制造品的出口份额,除荷兰(22.8%)外,其余9个OECD样本国的平均值为0.07%,OECD样本国总体平均值为8.2%。说明中国在该类产品的出口上更具有优势,中国在加工出口的跨国生产链中,作为国际生产基地的重要地位更加突出,在亚洲已取代日本(7.1%)与韩国(1%),成为该类产品出口加工的最主要生产国。2011年出口份额最大的三类高科技制造品与2005年相同,其份额分别为28.1%、19.3%与17.1%。日本与韩国在无线电及通信设备类产品上的出口份额平均为21.7%,其余8个OECD样本国平均为7.8%,

OECD 样本国总体平均为 10.6%。说明中国及亚洲国家［如韩国（26.7%）］在该类产品上出口加工的重要角色仍然稳定，虽然受 2008 年开始的全球经济危机影响，该出口份额较 2005 年有所降低。荷兰在办公及计算器具类产品上的出口份额为 14.7%，其余 9 个 OECD 样本国在该类产品上的平均值为 3.6%，OECD 样本国总体平均值为 4.7%。说明中国在该类产品上的加工出口地位在全球生产网络中继续保持并得到强化。

从 OECD 样本国各类高科技制造品出口结构来看，1994 年，十个 OECD 国家中，出口份额最大的两类产品是化学和化学产品（CM）与机械和设备（ME）类产品的国家有 7 个，另外 3 个国家出口份额最大的两类产品之一是化学和化学产品（CM）或机械和设备（ME）。2005 年，OECD 样本国出口份额最大的两类产品结构与 1994 年完全相同。2011 年，OECD 样本国出口份额最大的两类产品是化学和化学产品（CM）与机械和设备（ME）的国家有 8 个，另外 2 个国家出口份额最大的两类产品之一是化学和化学产品（CM）或机械和设备（ME）。说明这两种高科技制造品在经济发达的 OECD 样本国高科技制造品出口结构中一直保持最重要地位。1994，除日本与韩国外，8 个 OECD 样本国在化学和化学产品类高科技制造品上出口份额的平均值为 27.2%，样本国总体平均值为 24.6%，中国为 20.8%。机械和设备类产品出口份额，日本、韩国与荷兰平均为 16.9%，其余 7 个 OECD 样本国平均值为 27.4%，OECD 样本国总体平均值为 24.3%，中国为 14.1%。中国在该两类高科技制造品的出口份额均低于发达的 OECD 样本国。2005 年，化学和化学产品类高科技制造品的出口份额，日本与韩国平均值为 16.7%，其余 8 个 OECD 样本国平均值为 28%，OECD 样本国总体平均值为 25.5%，中国为 9.2%。机械和设备类产品出口份额，荷兰与韩国平均值为 11.9%，其余 8 个 OECD 样本国平均值为 25.5%，OECD 样本国总体平均值为 23.5%，中国为 13.4%。说明中国在这两类产品上的出口份额下降较大，这两类产品在中国高科技制造品出口结构中不占重要地位。2011 年，化学和化学产品类高科技制造品的出口份额，日本与韩国平均值为 18.8%，其余 8 个 OECD 样本国平均值为 30.7%，OECD 样本国总体平均值为 27.9%，中国为 11.2%。机械和设备类产品出口份额，法国、荷兰与韩国平均值为 16.3%，其余 7 个 OECD 样本国平均值为 28.5%，OECD 样本国总体平均值为 25.3%，中国为 17.1%。说明中国在这两类产品的出口份额仍旧较低，但较 2005

年，均有所提高。以上分析表明，中国高科技制造品出口结构与发达国家相比，表现出由差距较大到逐渐缩小的趋势。

通过以上分析可以看出，一方面，从出口产品的国内增加值角度来看，中国出口份额最大的高科技制造品为无线电及通信设备（RTC）及办公及计算器具（OAC）类产品，该类产品在中国大都为加工出口产品，其国内增加值含量并不一定高。另一方面，从出口产品的比较优势与竞争力角度来看，1994 年，中国出口份额最大的三类产品中，化学和化学产品（CM）无比较优势，无线电及通信设备（RTC）与电气机械及设备（EMA）类产品均有较弱的比较优势，且这三类产品均无竞争优势。2005年，中国出口份额最大的产品结构发生改变，三类出口份额最大的产品中，办公及计算器具（OAC）类产品具有较强的比较优势和竞争优势。无线电及通信设备（RTC）类产品的比较优势增强（比较优势指数由 1994 年的 1 提高到 2005 年的 1.99），竞争劣势减弱，竞争力增强（竞争优势指数由 1994 年的 - 0.13 提高到 2005 年的 - 0.06）。机械和设备（ME）类产品虽无比较优势与竞争优势，但相较于化学和化学产品（CM）类产品，比较优势与竞争优势均有较大提高（2005 年，机械和设备类产品与化学和化学产品类产品的比较优势指数分别为 0.7 与 0.4，竞争优势指数分别为 - 0.05 与 - 0.36）。2011 年，中国出口份额最大的产品结构与 2005 年相同，但无线电及通信设备（RTC）与机械和设备（ME）类产品成长为具有竞争优势的产品，且无线电及通信设备类产品的比较优势进一步增强（比较优势指数由 2005 年的 1.99 提高到 2011 年的 2.34），机械和设备（ME）类产品的比较优势指数达 0.9，接近具有比较优势。而且，1994 年，出口份额最大的两类高科技制造品中，仅有一类产品技术含量排名前两位（出口份额最大的无线电及通信设备类产品技术含量排名第二）。2005 年与 2011 年，出口份额最大的两类高科技制造品也是技术含量排名前两位的产品。以上分析说明虽然中国高科技制造品出口结构为以加工出口为特点的产品占据重要地位，但出口产品的比较优势与竞争力均出现较大幅度的上升，且技术含量得到提高。

（二）中国高科技制造品总体出口技术含量分析

根据上文对一国出口商品篮子技术含量（TCI）的定义，它是每种出口产品技术含量的加权平均值，权重为一国每种产品的出口额在该国总出口额中的比重。具体如下式所示：

$$TCI_i = \sum_j (x_{ij}/X_i) JFD_j \tag{2.24}$$

式中，TCI_i 表示 i 国高科技制造品出口篮子的技术含量，x_{ij}/X_i 表示 i 国 j 类高科技制造品出口额占 i 国总出口额的比重，JFD_j 定义如上文所示，表示 j 类高科技制造品的技术含量。

根据（2.21）式至（2.23）式及（2.24）式，利用 OECD 数据库中 34 个 OECD 国家及中国的出口数据，本书对各样本国历年的高科技制造品出口篮子技术含量（TCI_i）进行了测算。中国对美国与日本历年高科技制造品的出口额均排在对全部 OECD 各国出口额的前两位，是中国高科技制造品出口的最大贸易伙伴国。中国对美国与日本历年高科技制造品的出口额占中国对世界高科技制造品总出口额的比重 1994 年分别为 21.2% 与 12.1%，这一指标 2005 年分别为 21.3% 与 9.2%，2011 年分别为 16.9% 与 6.8%。① 因此，本书将中国与这两个国家历年的出口篮子技术含量（TCI_i）进行比较，具有典型的代表意义。比较结果如图 2-11 所示。

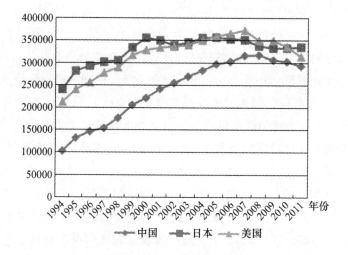

图 2-11　中国、日本和美国历年高科技制造品 *TCI* 的变化趋势

资料来源：根据 OECD 数据库及世界银行 WDI 数据库数据计算整理。

从图 2-11 可以看出，1994—2000 年中国与日本及美国的高科技制造品出口篮子技术含量均经历了较快的增长。中国的出口篮子技术含量大

---

① 根据 OECD 数据库技术计算整理。

幅度低于日本与美国，且基本保持稳定。2000—2007 年，尤其是中国加入世界贸易组织之后，出口篮子技术含量保持了原先的增长势头。而美国与日本这一时期出口篮子技术含量的增长率明显放缓，日本基本处于零增长状态，并在技术含量原来对美国有微弱优势的情况下，于 2005 年被美国赶超。这一时期中国逐渐缩小了与这两个国家在高科技制造品出口篮子技术含量上的差距。2007 年，受全球经济危机的影响，中国、日本与美国的出口篮子技术含量均出现下滑，中国与这两个国家的差距基本保持在 2008 年的水平，到 2011 年，该差距较 20 世纪 90 年代已大大缩小。

第五节　小结

　　20 世纪 70 年代末 80 年代初中国实行改革开放政策以来，中国制造品贸易经历了持续快速增长。首先，对中国制造业发展现状进行了梳理，发现中国制造业的可持续发展需要遵循工业现代化战略在生产效率、产业结构高级化及技术先进性等方面的基本要求。其次，对制造品技术含量对出口的作用机制进行分析。通过使用 34 个 OECD 国家及中国 1984—2010 年的数据，分别计算得出 35 个样本国历年的制造品出口商品篮子技术含量（*TCI*）。在此基础上，对 1985—2010 年中国、日本及美国制造品 TCI 的发展趋势进行比较，发现，在整个样本观测期中国制造品的 TCI 基本上呈上升趋势（除自 2008 年世界金融危机造成 *TCI* 的下滑趋势以外，该下滑趋势在 2009 年停止，2010 年基本恢复到上年水平），经历了长达 21 年平稳较快的增长期，而且以比美国及日本更快的速率上升。2004 年以前，中国制造品的 *TCI* 低于美国及日本，但 2004 年中国赶上并超过美国，与日本的差距也逐渐缩小。本书分别就制造品出口技术含量对产出及出口的作用机制进行理论与实证分析。在对各国制造品出口篮子技术含量与制造品产出关系的实证研究中，以生产要素——劳动力、物质资本及源于人力资源、研发、外商直接投资及制造品进口的知识资本为控制变量，利用全部样本国及根据人均 GDP 分组的样本国数据进行实证检验，得出：制造品出口篮子技术含量对制造品产出存在显著正向的促进作用。而且，本书利用 2010 年全部样本国的截面数据，分析得出：各国制造品出口篮子技术含量与其人均 GDP 有正向联系，中国制造品出口篮子 *TCI* 远超其人均

GDP 相应的 TCI 值，说明中国实施的这种着力发展高技术含量制造品生产与出口的产业政策与贸易模式保证了中国制造业产出的持续提高及整个经济的长期高速增长。在对各类制造品技术含量对出口影响的实证分析中，利用一修正的引力模型，在控制了出口国经济规模、人口规模与贸易障碍因素后，发现制造品技术含量显著正向地促进了制造品出口。最后，对中国高科技制造品的贸易发展与技术含量进行了系统分析，发现中国各类高科技制造品的比较优势与竞争力均获得了较大提升，在中国高科技制造品总出口中，出口份额最大的是技术含量最高的几类产品，从而验证了上文的结论。而且，中国高科技制造品出口篮子的技术含量历年来经历了持续快速增长，与发达国家的差距已大大缩小。

第三章　中国高科技制造品中间投入贸易影响因素分析

——出口增加值视角

通过上文的分析可知，中国制造品贸易在其总贸易中占据着越来越重要的地位，制造品出口占总出口的比重由 1992 年的约 79.5%，增长到 2011 年的约 94.6%。① 制造业内中间产品贸易也经历了快速发展，2008 年中国制造品加工出口占其总出口的比例为 49.8%，其中，高科技制造品加工出口占其总出口的比重高达 64.7%。② 因此，研究中国制造品及高科技制造品中间产品贸易及其贸易增加值有重要的理论与现实意义。

近年来，随着国际垂直专业化分工的不断深入，国际中间产品贸易蓬勃发展。国际垂直专业化分工就是各个国家依次按照产品的生产工序从事专业化生产，这一过程伴随着中间产品的多重跨境活动，国际中间产品贸易的快速增长也主要归因于这种垂直专业化分工的迅速发展。目前，基于新型国际分工体系的世界贸易的性质已经发生了重大转变，大量的国际贸易标的物由中间产品构成。如果我们将国际化产品的生产过程看作一系列的有序活动，那么发生在原材料到最终产品之间的贸易形态就是中间产品贸易。在将跨境生产过程联系起来的同时，这种投入品贸易在测量方面创造了两个独特的挑战：首先，传统的总贸易统计等于每一贸易国境内的商品总值，它包括进口投入部分的价值，而不是其跨境净增加值。这一对进口投入重复计算的"双重计算"问题意味着，传统数据高估了出口的国内（增加值）含量。其次，多国生产网络意味着中间产品可能通过间接渠道到达其最终目的地。例如，如果中国利用日本的中间品组装成最终产品，出口到美国，那么，中国的双边总出口体现第三方（日本）含量。

---

① 根据 UN comtrade 数据库计算整理。

② 根据国研网数据计算整理。

总之，"双重计算"和多国生产链意味着，在总贸易流下存在一个隐含的贸易增加值结构。

因此，本书从分析基于中间品贸易的出口增加值的决定因素角度，探寻影响中国高科技制造品出口的影响因素。

本书旨在计算和分析中国制造品及高科技制造品双边贸易的增加值含量。为此，需要构建一个全球双边投入—产出（Input – Output）表，简称I/O 表。该表描述了每个目的国如何既从本国也从各个国外来源国购买中间品，及每个国家如何识别其最终产品的来源。因为这些双边最终和中间产品的联系在标准投入产出表及国民账户数据源中不能直接观测到，故本书将投入—产出表和中国与 OECD 样本国家的双边贸易数据结合起来，构建一个合成表。使用该表，根据最终产品被最终吸收的目的地，将每个国家的总产出进行拆分。然后，使用商品来源国增加值对产出的比例，计算与每个目的地的隐含产出转换相联系的增加值。最终结果得到一个描述来自每个来源国，并被目的地吸收的"出口增加值"数据集。

第一节　贸易增加值含量的计算框架

一　贸易增加值含量的指标构建

借鉴 Trefler 和 Zhu（2010），本书在一个全球投入—产出框架的基础上，构建了一个计算双边贸易增加值含量的指标。

假定有 W 个部门和 N 个国家，每个国家在每个部门内生产单一的、差异化的贸易品。每个国家将本地要素投入和国内及进口中间产品相结合生产该商品。该商品要么用来满足最终需求（等同于消费），要么用作生产中的中间投入品。

对该问题的研究需涉及全球投入—产出框架，其主要特点是，可单独追踪用于生产最终产品与中间产品的产出流量。追踪这些流量需要四维标识，即来源及目的国、中间产品的来源及目的部门。

全球投入—产出框架通过市场出清条件组织这些贸易流。价值形式的市场出清条件为：

$$x_i(a) = \sum_j y_{ij}(a) + \sum_j \sum_b m_{ij}(a,b) \tag{3.1}$$

这里 $x_i(a)$ 表示国家 i 部门 a 的产出；$y_{ij}(a)$ 表示国家 j 对来自国

家 i 部门 a 的最终需求；$m_{ij}(a, b)$ 表示来自国家 i 部门 a，被国家 j 部门 b 使用的进口中间品的价值。定义总双边出口为 $e_{ij}(a)$，表示国家 i 部门 a 出口到国家 j 的产品价值，包括旨在供国外使用的最终产品和中间产品。因此，（3.1）式表明产出被划分为国内最终产品及中间产品使用及总出口。

为以简约形式表示多国及部门的市场出清条件，本书定义了一系列矩阵和向量。将每个部门的产出总值集合起来放入一个 $W \times 1$ 的向量中，并将此产出分配给用于生产最终产品与中间产品。将国家 i 对国产最终产品的需求表示为 $W \times 1$ 向量 y_{ii}，从国家 i 出口到国家 j 的最终产品表示为 $S \times 1$ 向量 y_{ij}。国家 j 使用的来自国家 i 的中间产品表示为 $H_{ij}x_j$，这里，H_{ij} 是 $W \times W$ 阶投入—产出矩阵，其元素为 $h_{ij}(a, b) = m_{ij}(a, b)/x_j(b)$，表示来自国家 i 部门 a 的中间产品的价值占国家 j 部门 b 产出额的比例。

根据以上定义，用矩阵/向量的形式表示如下：

$$H \equiv \begin{pmatrix} h_{11} & h_{12} & \cdots & h_{1N} \\ h_{21} & h_{22} & \cdots & h_{2N} \\ \vdots & \vdots & & \vdots \\ h_{N1} & h_{N2} & \cdots & h_{NN} \end{pmatrix}, \quad x \equiv \begin{pmatrix} x_1 \\ x_2 \\ \vdots \\ x_N \end{pmatrix}, \quad y_j \equiv \begin{pmatrix} y_{1j} \\ y_{2j} \\ \vdots \\ y_{Nj} \end{pmatrix} \tag{3.2}$$

将 $W \times N$ 种商品的市场出清条件表示为：

$$x = Hx + \sum_j y_j \tag{3.3}$$

将（3.3）式变形，整理得：

$$x = \sum_j (I - H)^{-1} y_j \tag{3.4}$$

（3.4）式中 $(I - H)^{-1}$ 是该投入—产出矩阵的"列昂剔夫逆阵"。$(I - H)^{-1}y_j$ 是用来直接或间接生产国家 j 吸收的最终产品的产出向量。

因此，（3.4）式将每个来源国的产出分解为，用来生产被国家 j 吸收的最终产品的产出。为清晰表达起见，定义如下：

$$\begin{pmatrix} x_{1j} \\ x_{2j} \\ \vdots \\ x_{Nj} \end{pmatrix} \equiv (I - H)^{-1} y_j \tag{3.5}$$

这里 x_{ij} 是用来生产被国家 j 吸收的最终产品的国家 i 的 $W \times 1$ 维产出向量，本书将其称为从国家 i 到国家 j 的产出传递。

产出传递与总出口在概念上不同。总出口作为从国家 i 部门 s 到国家 j 的出口值可直接观测到；相反，双边产出传递不能被观测到，但可使用被每个国家吸收的最终产品的全球投入需求信息构建。而且，当来自某个特定国家及部门的投入品沿生产链行进时，它们可能体现在任何部门或国家的最终产品中。比如，从国家 i 出口到国家 j 的投入品，可能包含在被第三国 s 吸收的国家 j 的最终产品中；或部门 a 生产的投入品可能包含在来自部门 b 的最终产品中。这些可能性在双边产出传递与双边出口的结构上存在重要差异。

为计算与上述无法直接观测到的产出传递相联系的增加值，定义国家 i 内每个部门的增加值对其产出的比例为：$k_i(b) = 1 - \sum_j \sum_a H_{ji}(a, b)$。该增加值比例为 1 减去总产出中国内和进口中间产品的份额，等于国内生产要素报酬占总产出的份额，也是部门水平 GDP 占总产出的比例。

使用以上表示法，定义出口增加值 ezj 与该出口增加值与总出口的比例 rez（称为出口增加值比例），作为测量贸易增加值含量的指标。首先，出口增加值 ezj 的定义如下：

$$ezj_{ij}(a) = k_i(a)x_{ij}(a) \tag{3.6}$$

$ezj_{ij}(a)$ 表示出口增加值为来源国 i 部门 s 生产的，并被目的国 j 吸收的全部增加值。i 国生产，并被 j 国吸收的总增加值为：$ezj_{ij} = \sum_a ezj_{ij}(a)$。

其次，定义出口增加值比例 rez 如下所示：

$$rez_{ij}(a) = ezj_{ij}(a)/e_{ij}(a) \tag{3.7}$$

$rez_{ij}(a)$ 为部门水平的双边出口增加值比例，它表示来自国家 i 部门 a 并被国家 j 吸收的出口增加值，与从国家 i 部门 a 出口到国家 j 的产品价值的比例。总的双边出口增加值比例为：$rez_{ij} = ezj_{ij}/le_{ij}$，这里 l 是 $1 \times W$ 维元素为 1 的向量。

二 理论分析

本书通过引入下述模型框架，分析中间产品贸易中的增加值含量。首先，使用一个两国模型，考察一个部门情况下的产出传递的路径。在此基础上，比较出口增加值与总出口的大小。然后，分析在多个部门情况下，贸易增加值含量的影响因素。其次，使用一个三国模型，分析在多国生产链中，体现在出口最终产品中的中间产品的重定位。最后，将出口增加值与总出口、双边增加值余额与双边贸易余额两对变量分别进行了比较，为考察贸易增加值的实践应用提供理论指导。

（一）中间产品贸易中增加值含量的模型框架

1. 两个国家一个部门的情况

假设只有两个国家，每个国家生产一个单一的差异化的商品。从国家1到国家2的国际贸易中，有4个产出概念：（a）最终产品 y_{12}，（b）总出口 e_{12}，（c）隐含的产出传递 x_{12} 和（d）增加值出口 ezj_{12}。下面阐明一下它们之间的关系。首先，当出口中间产品时，$e_{12} = y_{12} + a_{12}x_2$，因此有 $y_{12} \leqslant e_{12}$。进一步地，对国家2使用产出分解（$x_2 = x_{22} + x_{21}$），则可将总出口分解为 $e_{12} = h_{12}x_{21} + (y_{12} + h_{12}x_{22})$。两边同乘以表达式 $(1 - h_{11})^{-1}$，即把出口转换成生产该出口所需的总产出。很明显，$x_{12} = (1 - h_{11})^{-1}(y_{12} + h_{12}x_{22})$，因此，得 $x_{12} = (1 - h_{11})^{-1}e_{12} - (1 - h_{11})^{-1}h_{12}x_{21}$。即从国家1到国家2隐含的产出传递等于用于生产出口产品的总产出，减去体现在国家2的商品中被反馈回国家1，并被国家1吸收的总产出，这种现象即生产分担的形式之一。最后，因为增加值对产出的比例上界为1，故有：$ezj_{12} \leqslant x_{12}$。

2. 两个国家多个部门的情况

假设这两个国家存在多个部门，国家1部门 a 的 rez 可表示为：$\dfrac{ezj_{12}(a)}{e_{12}(a)} = \dfrac{k_1(a)x_{12}(a)}{e_{12}(a)}$。由此可知，部门水平的 rez 依赖一个给定部门的增加值对产出的比例，与该部门生产的、被国外吸收的总产出 $[x_{12}(a)]$ 对该部门的总出口 $[e_{12}(a)]$ 的比例。首先，在其他量相同时，$k_1(a)$ 低的部门（制造业）相对于其他部门有低的 rez。其次，rez 的大小取决于部门 a 的总产出与该部门总出口的比较。部门水平的 rez 反映了个别部门是如何从事贸易的信息。比如，考虑这样一种情况，一部门的生产者出售中间产品给另一部门的购买者，供其生产出口产品。在这个例子中，中间品供给者间接从事贸易。因此，虽直接观测不到中间品供给者直接出口，但却能观测到增加值出口，因为该部门的增加值体现在购买者的商品里。因此，一特定部门的增加值出口可能在实物上体现在该部门的出口商品中，或体现在其他部门的出口中，这种现象也是生产分担的形式之一。部门水平增加值出口对总出口的高比例（可能大于1）是其间接参与贸易的证据。相反，部门水平增加值出口对总出口的低比例表明，一给定部门的总出口体现了该部门之外生产的增加值。具体而言，rez 将依赖国外吸收的产出份额，与用于生产最终被国内吸收的国外产品的产出份额的比较。如果出口大部分被国外吸收 $\left(\dfrac{x_{12}}{e_{12}} \approx 1\right)$，将会有较高的 rez。

3. 三个国家，每个国家一个部门的情况

在这种假设条件下，分析该计算框架如何从出口国到目的国追踪一种出口产品的增加值，该出口增加值也可能通过一个多国生产链到达其最终目的地。本部分构建一个特殊例子，以近似欧盟与亚洲间生产链的计算。

假设国家 1、国家 2 和国家 3 分别代表欧盟、中国和韩国。而且，假设中国从欧盟及韩国进口中间产品，且仅对欧盟出口最终产品。同时，假定欧盟和韩国对中国不出口任何最终产品，仅出口中间产品。这个生产配置表示如下：

$$\begin{pmatrix} x_1 \\ x_2 \\ x_3 \end{pmatrix} = \begin{pmatrix} h_{11} & h_{12} & \\ & h_{22} & \\ & h_{32} & h_{33} \end{pmatrix} \begin{pmatrix} x_1 \\ x_2 \\ x_3 \end{pmatrix} + \begin{pmatrix} y_{11} \\ y_{22} + y_{21} \\ y_{33} \end{pmatrix} \tag{3.8}$$

如以上两国模型的情况，欧盟对自己产出的需求有一直接部分和一间接部分，该间接部分说明欧盟从中国进口包含欧盟含量的最终产品。因此，一个超过双边贸易统计显示的较大份额的欧盟产出最终被欧盟内部吸收。相对应，由于中国与欧盟间在中间产品贸易上的联系，中国在对欧盟的双边出口上高估了运送到欧盟的出口产品的真实的中国国内含量。

而且，尽管韩国并未直接对欧盟出口，但欧盟确实进口了包含在出口到欧盟的中国产品中的韩国产品。这种效应是多国生产链的结果，在以上两国情况的分析中不存在。由于中国对欧盟的出口包含欧盟和韩国产品，因此，中国与欧盟贸易的双边出口增加值比例 rez 为：

$$\frac{ezj_{21}}{e_{21}} = 1 - \left(\frac{ezj_{31} + h_{12}x_{21}}{e_{21}}\right) < 1 \tag{3.9}$$

（3.9）式表明，该双边 rez 剔除了韩国增加值及从中国出口到欧盟的中间产品。对韩国而言，对欧盟有正的增加值出口，而两国直接双边贸易为零，因此，韩国与欧盟间贸易的 rez 无法确定，或对很小的双边出口该值实际上为无穷。这个极端比例说明：尽管总 rez 对每个国家其上限为 1，但当一国出口中间品到国外，经加工后运送到第三国时，则双边 rez 可能大于 1。因此，双边 rez 反映了中间产品贸易中多边或双边贸易联系的影响，这种贸易联系即生产分担。

通过对中间产品贸易中增加值含量的理论分析，说明中间产品双边贸易中体现了双边及多边联系，即一国出口的产品不仅包括被目的国消费的最终产品，而且包括体现在目的国最终产品中、被反馈回来源国的中间产品，以及体现在目的国的最终产品中、被重定向出口到第三国的中间产品。这些被反馈及重定向的中间产品贸易反映了各国在全球生产网络中的生产分担关系。

（二）贸易增加值与总贸易值比较的理论分析

1. 出口增加值与总出口的比较分析

本书通过计算出口增加值对总出口的比例 rez，比较出口增加值（ezj_{12}）与总出口（e_{12}）的大小：

$$\frac{ezj_{12}}{e_{12}} = \frac{(1-h_{11}-h_{21})x_{12}}{e_{12}} = \frac{1-h_{11}-h_{21}}{1-h_{11}}\left(\frac{e_{12}-h_{12}x_{21}}{e_{12}}\right) \tag{3.10}$$

式中，$e_{12}-h_{12}x_{21}$ 是较少被反馈回中间产品的出口，或等同于原本就在国外消费的出口。该 rez 总小于1，因此，增加值出口相对于总出口规模下降。

一国的 rez 可被当作出口的国内含量的测度。实际上，它与以前文献中测量国内含量的方法有密切联系。为说明这一点，注意 rez 有两部分。第一部分 $\frac{1-h_{11}-h_{21}}{1-h_{11}}$ 等同于 Hummels 等（2001）发展而来的测量国内含量的方法。这一测度阐明了与用来生产出口的总产出相联系的增加值作为总出口的比例这一概念。Hummels 等（2001）的测量方法仅当国家2不使用进口中间品（$h_{12}=0$）时，才和 rez 相同，因此国家1仅出口最终产品。相反，在有中间产品双向贸易的情况下，Hummels 等（2001）的测量方法高估了每单位出口产生的国内增加值的大小。rez 的第二部分，允许某些出口专用于生产最终被国内消费的产品，即允许一部分出口反馈回来源国，而非被国外吸收。

2. 双边增加值余额与双边贸易余额的比较分析

当双边 rez 根据贸易伙伴而变时，双边增加值不平衡并不等于双边贸易不平衡。为了说明这一点，在三个国家的模型中，定义 $ep_{12}=e_{12}-e_{21}$，$ezjp_{12}=ezj_{12}-ezj_{21}$ 分别代表中国与欧盟之间双边贸易余额与双边出口增加值余额。在生产配置如（3.5）式所示的特殊情况下，这两个余额有如下关系：

$$ep_{12}+h_{32}x_{21}=ezjp_{12} \tag{3.11}$$

（3.11）式表明，$ep_{12} < ezjp_{12}$。因此，假定欧盟对中国存在贸易逆差，则由于中国的双边贸易包括韩国含量（$h_{32}x_{21}$），增加值项将出现较小的逆差。以此类推，欧盟与韩国间的双边余额将存在相反方向的扭曲。

为了总结这个结果，可将任何给定的双边出口增加值余额表示为：

$$ezjp_{ij} = \frac{ezj_{ij}}{e_{ij}}e_{ij} - \frac{ezj_{ji}}{e_{ji}}e_{ji} = \frac{1}{2}(e_{ij} + e_{ji})\left(\frac{ezj_{ij}}{e_{ij}} - \frac{ezj_{ji}}{e_{ji}}\right) + \frac{1}{2}\left(\frac{ezj_{ij}}{e_{ij}} + \frac{ezj_{ji}}{e_{ji}}\right)(e_{ij} - e_{ji})$$

$$(3.12)$$

（3.12）式第一项调整了由于进出口方 rez 的差别导致的出口增加值余额的变化。当出口方的 rez 比进口方高时，增加值余额将被正向推动，即使总贸易处于平衡状态。第二项出口增加值余额的调整基于 rez 的平均水平。从一个最初的不平衡开始，相对于贸易余额，增加值余额被扩大或缩小，依赖 rez 的平均值大于或小于1。因此，由总贸易余额向出口增加值余额的转换过程中，在中间产品贸易的各国双边关系中，贸易伙伴间 rez 的绝对与相对水平均影响调整的大小。

第二节　中国制造品贸易增加值含量分析

基于以上理论框架，本书测算了中国制造品及高科技制造品的贸易增加值含量，并对中国与各样本国总贸易余额与出口增加值余额进行比较与分析。

一　中国制造品贸易增加值含量衡量

（一）数据来源

根据 OECD 数据库双边贸易统计数据，2005—2011 年，中国对十个 OECD 国家[①]制造品出口总额占中国对世界该出口总额的平均比重约 47.9%[②]，因此，本书选择该十个 OECD 国家做样本国具有典型的代表意义。

鉴于 OECD 数据库仅提供了 1995 年、2000 年及 2005 年的投入产出数据，本书假设三次投入产出表的时间间隔内各国投入产出结构不变。因此，本书将各国 2009 年的投入产出表视为与 2005 年的投入产出表相同。该表数据及各样本国制造品双边贸易数据均来自 OECD 数据库。各样本国

---

① 指美国、日本、韩国、德国、荷兰、英国、意大利、法国、澳大利亚及加拿大。
② 根据 OECD 数据库中的数据计算整理。

双边投入产出数据根据以上表格计算整理得到，详见下文所述。根据 OECD 数据库的分类方法，将制造品分为 18 类①，其中 7 个部门为高科技制造业，同上文所述。

（二）数据说明

上文分析中需使用双边投入产出矩阵 H_{ji} 和最终需求向量 y_{ji}，这些数据无法直接观测到。借鉴 Trefler 和 Zhu（2010），本书使用每个国家总进口中间品使用矩阵 H_{fi} 和进口最终需求向量 y_{fi} 来构建。具体而言，利用各国双边贸易数据，并使用成比例假设，即假定在目的国每个部门内，将来自每个来源国的进口品，区分为当作最终产品与中间品使用的部分，这两部分的划分比例等于全部进口品中当作最终产品与中间产品使用的总划分的比例。而且，在使用中间品的情况下，假定来自每一来源国的进口中间品在每一购买部门的划分比例，等于全部进口中间产品在每一购买部门的划分比例。根据该成比例假设，定义如下：

对来自国家 j 部门 a，用于国家 i 部门 b 的产品，双边投入产出矩阵 H_{ji} 和最终需求向量 y_{ji} 的元素分别为：

$$h_{ji}(a,b) = h_{fi}(a,b)\left(\frac{e_{ji}(a)}{\sum_j e_{ji}(a)}\right) \tag{3.13}$$

$$y_{ji}(a) = y_{fi}(a)\left(\frac{e_{ji}(a)}{\sum_j e_{ji}(a)}\right) \tag{3.14}$$

式中，$h_{fi}(a,b)$ 是 i 国 18×18 阶进口投入产出矩阵 H_{fi} 的元素，且 $h_{fi}(a,b) = \sum_{j\neq i} h_{ji}(a,b)$，表示国家 i 部门 b 产出中使用的来自所有外国 j 部门 a 中间投入品总和的比例。（3.14）式中，$y_{fi}(a)$ 是 i 国 18×1 维进口最终需求向量 y_{fi} 的元素，表示 i 国 a 部门对 f 国产品的进口最终需求。

以上假设意味着双边最终产品和中间产品流量的总变化归因于从各贸易伙伴国进口组成的变化。例如，因为欧盟从中国台湾进口的大多数产品

---

① 分别为 C15T16 食品、饮料及烟草；C17T19 纺织品、皮革和鞋；C20 木头、木产品及软木；C21T22 纸浆、纸、纸产品、印刷及出版；C23 焦炭、精炼石油产品及核燃料；C24 化学品和化学产品；C25 橡胶和塑料产品；C26 其他非金属矿产品；C27 基本金属；C28 除机械及设备外的金属制品；C29 未归入其他分类的机械及设备；C30 办公、会计和计算机器；C31 未归入其他分类的电力机械和设备；C32 无线电、电视和通信设备；C33 医疗、精密和光学仪器；C34 机动车辆，拖车和半拖车；C35 其他运输设备；C36T37 未归入其他分类的制造品及回收品。

平均用作中间品（如半导体零配件），因此，欧盟从中国台湾的进口品属于中间品密集型。

在主要计算中，也假定出口产品与被国内吸收的最终产品所使用的生产技术及投入需求相同。但这一假设不适用于有大量出口加工部门的国家（如中国、墨西哥）。根据 Robert Koopman、Zhi Wang 和 Shang – Jin Wei（2008），这些出口加工部门使用的投入需求不同于一般出口及供国内最终使用产品的投入需求，而且出口加工部门增加值与产出的比例低于经济中其他部门。这些出口加工部门使用不同的投入需求及较低的增加值，为国外市场生产差异化产品。因为本书考察的侧重点为中国高科技制造品出口增加值比例的决定因素，故暂不考虑存在大量出口加工部门的情况。而且根据库普曼等（Koopman et al.，2008），考虑出口加工特点的贸易增加值含量的测算值更加大了与总贸易项在考察两国贸易平衡方面的差距。为保证实证结果的稳健性，本书也测算了美国、日本、韩国和德国这些较少存在出口加工部门的国家的结果。

二　测度结果

（一）中国与十个 OECD 国家制造品与高科技制造品双边贸易增加值比例（rez_{ij}）的比较

对一特定出口国而言，双边出口增加值比例（rez_{ij}）在各个目的国表现出很大不同。如图 3 – 1 和图 3 – 2 所示，分别为中国制造品与高科技制造品分别对十个 OECD 国家双边贸易增加值与总贸易值的比例，其中，增加值与进口的比例为各样本国分别对中国出口增加值的比例，增加值与出口的比例是中国对各样本国出口增加值的比例。

从图 3 – 1 可以看出，中国与各贸易伙伴国制造品双边贸易增加值比例有很大不同。总贸易值均高估了双边贸易增加值。中国对荷兰的增加值出口比总出口小约 170 亿 MYM（75%），对澳大利亚的增加值出口比总出口小约 80 亿 MYM（51%），表现了很强的生产分担现象。说明中国出口到荷兰的制造品，以荷兰制成品或再加工中间品的形式被反馈回中国消费，或被第三国消费的比例很高，导致中国对荷兰的出口增加值比例很小，生产分担现象异常明显。中国对德国、美国、法国的增加值出口相对于总出口下降了 38%—42%，对韩国、加拿大、日本、英国及意大利下降了 24%—32%，生产分担现象相对弱一些。韩国及日本虽为亚洲国家，但中国对它们的出口增加值比例反而高于荷兰、澳大利亚等多数样本国，尤其是日本，该值在样本国中最高。表明，中国与日本、韩国虽距离较近且双边贸易量巨大，但不像欧盟国家那样有更紧密的生产协作与贸易联系，因此不比其他 OECD 样本国体现出更强的生产分担现象。十个 OECD 样本国对中国增加值出口相对于总出口下降的比例除韩国、加拿大及澳大利亚小42%—62%以外，其余小21%—34%。总之，图 3-1 表明，中国与各样本国的制造品双边贸易均呈现很明显的生产分担现象。

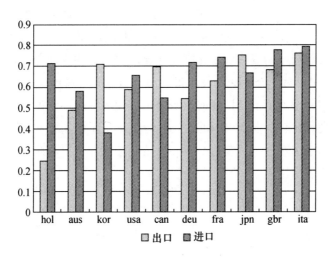

图 3-1　2009 年中国分别对十个 OECD 国家制造品贸易增加值比例

资料来源：根据 OECD 数据库数据计算整理。

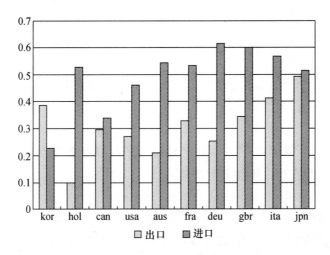

图 3-2　2009 年中国分别对十个 OECD 国家高科技制造品贸易增加值比例

资料来源：根据 OECD 数据库数据计算整理。

　　图 3 - 2 显示，中国对十个 OECD 国家高科技制造品的双边贸易更是表现出非常强的生产分担现象。总贸易值均大大高估了双边贸易增加值。其中，中国对荷兰的增加值出口比总出口小 205 亿美元（90%），对澳大利亚、德国、美国、加拿大、法国、英国及韩国的增加值出口比总出口小 62%—79%，对意大利及日本小 59%—51%。OECD 样本国对中国高科技制造业的双边贸易也表现出很强的生产分担现象。韩国、加拿大对中国的增加值出口比总出口小 77%—66%，美国、日本、荷兰、法国、澳大利亚、意大利、英国及德国小 54%—38%。由此看出，中国对十个 OECD 国家高科技制造业的双边贸易比制造业显示出更强的生产分担现象。

　　（二）中国对十个 OECD 样本国的总贸易余额与增加值余额的比较

　　双边贸易增加值出口计算的应用之一是使用双边增加值余额与双边总贸易余额进行比较。图 3 - 3 和图 3 - 4 分别给出了使用增加值项与总贸易值项测量的中国对样本国制造品与高科技制造品双边贸易余额，正值表示顺差，负值表示逆差。

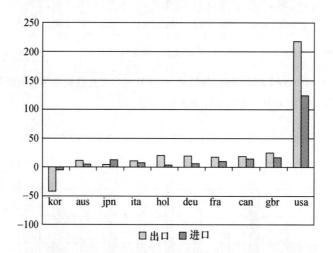

图 3 - 3　中国对十个 OECD 样本国制造品总贸易余额与增加值余额

资料来源：根据 OECD 数据库数据计算整理。

　　在解释图 3 - 3 之前，需要说明的是，对每个国家而言，其多边总贸易余额等于其多边增加值余额。因此，一国双边增加值余额相对于总贸易余额的下降必然意味着对某些其他国家的上升。从图 3 - 3 可以看出，比较这两种测量方法，中国对样本国的双边余额有大的转移。使用增加值余

额与总贸易余额相比，中国对亚洲国家——日本的双边贸易顺差增加，对
韩国的贸易逆差减少，而对其余非亚洲 OECD 样本国的贸易顺差均有不同
程度的减少，而且对澳大利亚、加拿大、德国、荷兰及美国贸易顺差减少
的幅度之和约等于对日本顺差增加与对韩国逆差减少幅度之和。表明这些
国家的制造品贸易存在三角生产分担现象，澳大利亚、加拿大、德国、荷
兰及美国为日本与韩国提供中间制造品，这些中间品体现在日本与韩国出
口到中国的制造品中。

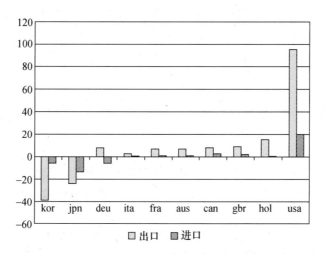

图 3 - 4　中国对十个 OECD 样本国高科技制造品总贸易余额与增加值余额
资料来源：根据 OECD 数据库数据计算整理。

　　与图 3 - 3 的测算结果相似，图 3 - 4 表明，比较这两种测量方法，中
国对样本国的双边余额也发生了转移。使用增加值余额与总贸易余额相
比，中国对亚洲国家——韩国及日本的贸易逆差减少，而对其余非亚洲
OECD 样本国的贸易顺差均减少，且对加拿大与美国的贸易顺差减少的幅
度之和约等于对日本与韩国逆差减少幅度之和。表明这些国家的高科技制
造品贸易存在三角生产分担现象，加拿大与美国为日本与韩国提供高科技
中间制造品，这些中间品体现在日本与韩国出口到中国的高科技制造
品中。

　　为理解使用这两种测量方法所造成的双边贸易余额的调整，以中国分
别对韩国与荷兰制造品双边贸易余额测算为例加以说明。参看对增加值余

额分解的（3.12）式，首先，中国出口到韩国的增加值比例超过中国从韩国进口的增加值比例约 32.6%，相对于贸易余额，这趋向于提高增加值余额（约 180 亿 MYM）。其次，中国对韩国出口与进口的增加值比例均远小于 1，该进、出口增加值比例的简单平均值为 0.54。如果该进、出口增加值比例均等于该平均值，则意味着增加值逆差比总贸易逆差小 46%。第二个水平效应解释了中国对韩国制造品从总贸易余额到增加值余额调整的大部分（约 230 亿 MYM）。以上两项加总，使中国对韩国的增加值逆差较总贸易逆差减少。相反，中国对荷兰制造品的进口增加值比例大于出口增加值比例（0.47），将使增加值余额较总贸易余额趋于减少，加上第二项水平效应中中国对荷兰的进、出口增加值比例的简单平均值为 0.54，故使中国对荷兰制造品增加值顺差较总贸易顺差减少。

第三节　中国高科技制造品中间投入经济效益分析

20 世纪 90 年代中期以后，中国各类高科技制造品总产出已获得较大增长，同时中国各类高科技制造品增加值也获得显著提高。详见表 3 - 1。

表 3 - 1　　　中国各类高科技制造品总产出及增加值平均增长率　　　单位:%

	增加值平均增长率		总产出平均增长率	
	1995—2000 年	2000—2005 年	1995—2000 年	2000—2005 年
化学和化学产品（CM）	13.3	21.3	16.8	26
机械和设备（ME）	77.5	32.9	-1.5	41.8
办公及计算器具（OAC）	75.4	42.2	34.8	91.3
电气机械及设备（EMA）	66.3	1.1	133.4	1.6
无线电及通信设备（RTC）	12.1	1.7	35.9	1.8
医疗设备、精密及光学仪器（MPO）	8.7	29	9.5	34.1
其他运输设备（OTE）	27.2	9	25.9	11.2
高科技制造品总体	15.4	16.6	19.2	21.5

资料来源：根据 OECD 数据库计算整理。

增加值可以看作是生产要素报酬，从经济总体看，相当于一国的

GDP。中国各类高科技制造品增加值的增长反映出劳动力、资本等物质资本及产品的技术含量、生产率等知识资本提高对产出的贡献。各类产品的总产出由其中间投入及其增加值组成。从表 3 - 1 可以看出，中国历年各类高科技制造品增加值提高的幅度与其产出增加的幅度有较大差异，说明各类高科技制造品的中间投入的效率存在差异。中国是依靠技术水平提高和产业结构升级促进高科技制造品的增加值增长，还是靠更多的投入、更大的消耗维持高速增长？即如何判断中国各类高科技制造品的增长方式是粗放型还是集约型，这就需要设计一个指标来衡量。本书定义生产集约率（JYL_i），即增加值与中间投入品的比例，以此来测度中国各类高科技制造品中间投入的经济效益。

$$JYL_i = \frac{va_i}{ip_i} \tag{3.15}$$

（3.15）式中，JYL_i 代表 i 类产品的生产集约率，va_i 代表 i 类产品的增加值，ip_i 代表 i 类中间产品投入的价值。在中间投入一定的情况下，增加值越大，生产集约率就越高，或者说，单位中间投入所产生的增加值就越大。因此，生产集约率是度量该类产品投入产出效益的综合指标，也是测度该类产品增长质量的指标。

由于中间产品根据来源不同，分为进口中间品与国内中间品，因此针对这两种来源的中间品，生产集约率又分为国内生产集约率（JYL_d）与进口生产集约率（JYL_f）。在此基础上，本书定义总中间产品的生产集约率为国内生产集约率与进口生产集约率的加权平均值，权重分别为国内中间投入与进口中间投入占总中间投入的比重，本书将其称为总生产集约率（JYL）。上述变量定义如下列公式所示：

$$JYL_{di} = \frac{va_i}{ip_{di}} \tag{3.16}$$

$$JYL_{fi} = \frac{va_i}{ip_{fi}} \tag{3.17}$$

$$JYL_i = \alpha JYL_{di} + \beta JYL_{fi} \tag{3.18}$$

（3.16）式至（3.18）式分别是国内生产集约率 JYL_{di}、进口生产集约率 JYL_{fi} 与总生产集约率 JYL_i 的定义。ip_{di} 与 ip_{fi} 分别代表 i 类产品国内中间投入额与进口中间投入额；与 β 分别代表 i 类产品国内中间投入与进口中间投入占总中间投入的比重；va_i 的含义如（3.15）式中所述，代表 i

类产品的增加值。

　　为了更深刻地理解中国各类高科技制造品中间投入的经济效益，本书从两个方面对各类高科技制造品的生产集约率展开分析。一方面，对中国与上文提到的十个 OECD 样本国的高科技制造品生产集约率进行比较，以观测两者各类产品经济效益的差异；另一方面，分析中国历年高科技制造品生产集约率，以期从中发现各类高科技制造品中间投入经济效益的发展趋势。本书希望通过以上两个渠道的研究，探寻中国高科技制造品由粗放型向集约型发展的途径，为制定提高各类中间投入品经济效益的政策措施提供理论依据。

一　中国与 OECD 样本国各类高科技制造品生产集约率比较

　　中国各类高科技制造品的分类方法如上文所述，由于数据的可得性，本书使用 1995 年、2000 年及 2005 年中国（CHN）与十个 OECD 样本国 [澳大利亚（AUS）、加拿大（CAN）、法国（FRA）、德国（GER）、意大利（ITA）、日本（JAP）、韩国（KOR）、荷兰（NED）、英国（UK）及美国（USA）] 的增加值及中间投入数据，数据来自 OECD 数据库。

　　由于国内中间投入品与进口中间投入品在产品生产使用密集性上存在差异，因此，本书分别测算了中国与各样本国各类高科技制造品的国内中间产品与全部中间产品的生产集约率，分别标记为 JYL_d 与 JYL。

　　根据（3.15）式，测算得出中国与 OECD 样本国 1995 年、2000 年与 2005 年各类高科技制造品国内生产集约率（JYL_d）与总生产集约率（JYL），并将其进行比较，详见表 3-2 至表 3-7。

表 3-2　　　　　　1995 年中国与十个 OECD 样本国高科技制造品
国内生产集约率（JYL_d）

	各类高科技制造品国内生产集约率（JYL_d）							
	CM	ME	OAC	EMA	RTC	MPO	OTE	SUM
CHN	0.34	0.39	0.29	0.84	2.38	0.62	0.52	0.44
AUS	0.48	0.88	0.54	0.54		0.85	0.54	0.59
CAN	0.88	2.55	0.84	1.78			2.47	1.39
FRA	0.79	1.38	1.41	0.88	1.2	0.82	0.95	0.96
GER	0.99	1.37	0.72	0.74	1.17	1.56	3.65	1.09

续表

	各类高科技制造品国内生产集约率（JYL_d）							
	CM	ME	OAC	EMA	RTC	MPO	OTE	SUM
ITA	0. 57	1. 61	0. 53	0. 7	1. 48	1. 46	0. 56	0. 9
JAP	0. 44	1. 26	1. 2	0. 74	0. 84	1. 94	0. 84	0. 81
KOR								
NED	1. 34	1. 16	0. 88	0. 84	1. 25	1. 77	0. 95	1. 23
UK	0. 93	1. 44	2. 46	0. 9	2	1. 23	1. 4	1. 21
USA	0. 63	1. 17	0. 97	0. 74	1. 87	1. 8	1. 29	0. 93

注：CM、ME、OAC、EMA、RTC、MPO 、OTE 分别代表各类高科技制造品，详见表 2 - 7，SUM 代表高科技制造品总体。

资料来源：根据 OECD 数据库计算整理。

表 3 - 3　1995 年中国与十个 OECD 样本国高科技制造品总生产集约率（*JYL*）

	各类高科技制造品总生产集约率（*JYL*）							
	CM	ME	OAC	EMA	RTC	MPO	OTE	SUM
CHN	0. 27	0. 37	0. 17	0. 6	0. 58	0. 5	0. 49	0. 36
AUS	0. 27	0. 4	0. 19	0. 32		0. 25	0. 37	0. 3
CAN	0. 47	0. 48	0. 07	0. 42			1. 02	0. 46
FRA	0. 49	0. 78	0. 36	0. 53	0. 61	0. 54	0. 51	0. 56
GER	0. 58	1. 08	0. 41	0. 6	0. 53	1. 14	0. 82	0. 73
ITA	0. 31	1. 05	0. 28	0. 51	0. 58	0. 84	0. 47	0. 53
JAP	0. 4	1. 19	1. 68	0. 67	0. 67	1. 45	0. 74	0. 71
KOR								
NED	0. 56	0. 59	0. 24	0. 28	0. 41	0. 73	0. 2	0. 46
UK	0. 46	0. 84	0. 53	0. 51	0. 51	0. 77	0. 6	0. 57
USA	0. 54	0. 97	0. 53	0. 5	1. 47	1. 45	1. 06	0. 73

注：CM、ME、OAC、EMA、RTC、MPO 、OTE 分别代表各类高科技制造品，详见表 2 - 7，SUM 代表高科技制造品总体。

资料来源：根据 OECD 数据库计算整理。

表 3 - 4 2000 年中国与十个 OECD 样本国高科技制造品国内生产集约率 （JYL_d）

	各类高科技制造品国内生产集约率 （JYL_d）							
	CM	ME	OAC	EMA	RTC	MPO	OTE	SUM
CHN	0.3	0.47	0.66	0.38	0.82	0.69	0.7	0.41
AUS	0.54	0.79	0.5	0.54		1.52	0.6	0.62
CAN	0.73	2.12	7.19	1.07	6.75	1.75	2.48	1.38
FRA	0.79	1.25	0.71	0.85	0.95	0.83	0.51	0.84
GER	0.99	1.66	0.76	0.79	1.32	2.79	1.71	1.21
ITA	0.57	1.49	0.59	0.67	1.9	1.47	0.61	0.91
JAP	0.39	1.14	1.17	0.79	0.71	1.83	0.83	0.73
KOR	0.31	0.63	0.95	0.8	2.28	0.53	1.71	0.62
NED	1	1	0.72	1.14	1.24	1.78	0.86	1.04
UK	0.97	1.51	2.36	1.14	1.71	1.54	1.43	1.3
USA	0.62	1.36	1.1	0.81			1.44	0.93

注：CM、ME、OAC、EMA、RTC、MPO 、OTE 分别代表各类高科技制造品，详见表 2 - 7，SUM 代表高科技制造品总体。

资料来源：根据 OECD 数据库计算整理。

表 3 - 5 2000 年中国与十个 OECD 样本国高科技制造品总生产集约率 （JYL）

	各类高科技制造品总生产集约率 （JYL）							
	CM	ME	OAC	EMA	RTC	MPO	OTE	SUM
CHN	0.25	0.39	0.35	0.28	0.61	0.39	0.7	0.33
AUS	0.28	0.34	0.13	0.29		0.42	0.44	0.29
CAN	0.32	0.55	0.5	0.21	1.31	0.4	0.84	0.42
FRA	0.35	0.61	0.11	0.49	0.37	0.53	0.32	0.41
GER	0.52	1.16	0.33	0.59	0.48	1.61	0.71	0.71
ITA	0.29	0.95	0.33	0.47	0.56	0.75	0.47	0.52
JAP	0.35	1.07	1.01	0.69	0.57	1.32	0.7	0.63
KOR	0.23	0.47	0.51	0.4	1.16	0.28	1	0.39
NED	0.4	0.55	0.18	0.24	0.32	0.65	0.2	0.37
UK	0.48	0.79	0.3	0.53	0.37	0.66	0.55	0.52
USA	0.5	0.98	0.64	0.57			1.03	0.65

注：CM、ME、OAC、EMA、RTC、MPO 、OTE 分别代表各类高科技制造品，详见表 2 - 7，SUM 代表高科技制造品总体。

资料来源：根据 OECD 数据库计算整理。

表 3 - 6　2005 年中国与十个 OECD 样本国高科技制造品国内生产集约率（JYL_d）

	各类高科技制造品国内生产集约率（JYL_d）							
	CM	ME	OAC	EMA	RTC	MPO	OTE	SUM
CHN	0.26	0.53	0.41	0.52	0.79	3.39	0.45	0.39
AUS	0.45	0.93		0.72		1.04	0.55	0.61
CAN	0.54	1.64	2.4	1.07	1.73	1.56	0.98	
FRA	0.82	1.15	4.93	0.73	0.86	1.01	0.44	0.81
GER	1.15	1.62	0.84	0.75	1.54	3.41	1.34	1.28
ITA	0.58	1.42	0.38	0.71	1.15	1.38	0.51	0.89
JAP	0.34	0.96	2.34	0.74	3.03	1.93	0.8	0.72
KOR	0.3	0.63	0.62	0.39	1.12	0.65	2.1	0.58
NED	0.88	1.35	1.01	0.73	0.35	1.76	1.23	0.96
UK	0.94	1.17	0.53	0.8	0.52	1.44	1.64	0.97
USA	0.62	1.39	1.73	0.78	1.04	1.19	1.64	0.92

　　注：CM、ME、OAC、EMA、RTC、MPO 、OTE 分别代表各类高科技制造品，详见表 2 - 7，SUM 代表高科技制造品总体。

　　资料来源：根据 OECD 数据库计算整理。

表 3 - 7　2005 年中国与十个 OECD 样本国高科技制造品总生产集约率（JYL）

	各类高科技制造品总生产集约率（JYL）							
	CM	ME	OAC	EMA	RTC	MPO	OTE	SUM
CHN	0.22	0.45	0.32	0.18	0.64	0.22	0.4	0.27
AUS	0.25	0.47		0.2		0.3	0.41	0.3
CAN	0.26	0.6	0.18	0.28	0.42		0.76	0.38
FRA	0.34	0.56	0.16	0.4	0.34	0.55	0.3	0.39
GER	0.57	1.09	0.33	0.55	0.45	1.82	0.75	0.73
ITA	0.26	0.91	0.22	0.5	0.64	0.71	0.37	0.5
JAP	0.28	0.89	1.32	0.54	2.26	1.25	0.58	0.58
KOR	0.22	0.49	0.29	0.3	0.5	0.29	1.28	0.38
NED	0.41	0.68	0.13	0.22	0.17	0.54	0.54	0.41
UK	0.39	0.68	0.43	0.45	0.23	0.59	0.59	0.46
USA	0.47	0.87	0.59	0.49	0.44	1	1.23	0.61

　　注：CM、ME、OAC、EMA、RTC、MPO 、OTE 分别代表各类高科技制造品，详见表 2 - 7，SUM 代表高科技制造品总体。

　　资料来源：根据 OECD 数据库计算整理。

　　从上述表中可以看出，各年中国各类高科技制造品及高科技制造品总体的生产集约率大体上均低于经济发达的 OECD 样本国。说明中国与发达国家在高科技制造品中间投入经济效益方面存在差距。

　　具体而言，从各类高科技制造品来看，1995 年，中国各类高科技制造品中国内中间投入品经济效益最高的是无线电及通信设备类（RTC）产品，它不仅高居中国各类高科技制造品之首，而且高于全部发达的 OECD 样本国。该类产品的总中间投入品的经济效益也较高，但与样本国的差距减小，其指标低于美国、日本与法国。根据上文的分析，这一时期，该类产品具有较强的比较优势与出口竞争力，因此表现出较高的经济效益。电气机械及设备（EMA）类产品的国内及总中间品的经济效益均高于大部分样本国。医疗设备、精密及光学仪器与其他运输设备类总中间品的经济效益已超过部分 OECD 样本国，说明这两个类别的进口中间品的经济效益高于国内中间品。其余几类高科技制造品的增加质量显著低于 OECD 样本国。2000 年，办公及计算器具与其他运输设备类国内及总中间产品的经济效益均与 OECD 样本国的差距较小，表明该阶段其经济效益较好。机械和设备与无线电及通信设备类总中间品与样本国差距较小，表明来自经济领先国家的这两类进口中间产品对其高科技制造品增加值增长的贡献高于国内中间产品。无线电及通信设备类国内中间产品的经济效益与发达国家相比已无明显优势，其总中间品与 OECD 国家的差距基本保持在 1995 年的水平。表明无线电及通信设备类高科技制造品由 1995 年的国内中间品经济效益领先转化为进口中间品具有优势，验证了产品生命周期学说理论。2005 年，医疗设备、精密及光学仪器类国内中间品的经济效益仅次于德国，高于发达样本国平均水平，但该类总中间品的经济效益仍低于绝大多数样本国。意味着该类高科技制造品的进口中间投入经济效益低于国内中间品。办公及计算器具与无线电及通信设备类总中间品的经济效益超过部分 OECD 样本国，说明其进口中间品的经济效益优于国内进口品。从以上分析中可看出，中国各类高科技制造品中经济效益较好、相对发达国家差距较小的中间投入品，1995 年为无线电及通信设备类产品，2000 年变为办公及计算器具及其他运输设备类产品，2005 年成为医疗设备、精密及光学仪器类产品。出现这种转变与各类高科技制造品技术含量的演进趋势、比较优势及竞争力因素及国内国外经济环境及政策影响等有何种关系，将是下一步展开研究的方向。从高科技制造品总体来看，1995 年、

2000 年及 2005 年，中国高科技制造品国内中间投入品的经济效益均明显低于全部 OECD 样本国。使用总中间品测度时，中国与 OECD 样本国的差距减小，除 2005 年落后于所有样本国外，1995 年与 2000 年经济效益好于少部分样本国。表明中国在高科技制造品总体增长质量上明显落后于发达的 OECD 国家，且差距并未呈现出缩小的趋势。

从国内生产集约率（JYL_d）来看，1995 年，加拿大、德国、荷兰及英国高科技制造品总体的 JYL_d 在 1—1.4 之间，日本、美国、意大利与法国在 0.8—1 之间，澳大利亚较低（0.59），但也高于中国的 0.44。2000 年，加拿大、德国、荷兰及英国继续保持领先地位，它们的 JYL_d 仍全部在 1 以上，且平均值稳定在 1.23，日本、美国、意大利与法国保持在 0.8—1 之间，且平均值有所上升，韩国与澳大利亚较低，在 0.6—0.7 之间，中国继续处于最低状态，JYL_d 为 0.41。2005 年，OECD 样本国高科技制造品的经济效益整体有所下滑，仅德国的 JYL_d 超过 1（1.28），澳大利亚、韩国的较低，在 0.55—0.65 之间，其余几个国家在 0.7—1 之间。中国的 JYL_d 为 0.39，延续 2000 年的态势，落后于所有样本国。表明中国高科技制造品仍停留在高投入、高消耗促增长的阶段。从投入产出的效益来看，中国比 OECD 样本国都低，大致只有发达国家的一半。这与该阶段中国的工业化发展阶段尚未完成有直接的关系。从总生产集约率（JYL）来看，1995 年，中国与各样本国的差距减小，美国、日本与德国高科技制造品总体的 JYL 均在 0.7—0.8 之间，加拿大、法国、意大利、荷兰及英国均在 0.45—0.6 之间，中国的 JYL 为 0.36，仅高于澳大利亚。意味着中国高科技制造业进口中间产品的经济效益明显好于国内中间投入品。2000 年，OECD 样本国较 1995 年微弱下降，仅德国的 JYL 大于 0.7（0.71），中国的 JYL 为 0.33 超过澳大利亚（0.29），但落后于其他所有样本国。2005 年，OECD 样本国各国的 JYL 在保持 2000 年状态的情况下又有所下降，除德国在 0.7 之上（0.73），经济效益较低样本国的 JYL 平均值基本维持在 2000 年水平（0.35）外，处于中档范围国家的 JYL 出现下降趋势，由 0.53 变为 0.51。这从一个侧面反映了 1995—2005 年期间发达国家高科技制造业经济效益不景气，经济增长乏力的现象。该阶段中国的 JYL 落后于所有样本国，且差距较 2000 年反而有增大的趋势，2000 年中国高科技制造品总体的 JYL 落后于 OECD 样本国均值为 51%，2005 年这一数字变为 73%。

二 中国各类高科技制造品生产集约率历年变化趋势比较

上文使用高科技制造品的增加值与作为中间投入的高科技制造品的比例（JYL）作为衡量高科技制造品经济效益或增长质量的指标，并将中国与 OECD 样本国进行比较，发现中国在各样本年高科技制造品的增长质量均明显落后于 OECD 样本国，且差距并未出现缩小趋势。为了验证以上分析结果的稳健性，本书从分析中国各类高科技制造品及高科技制造品总体历年 JYL 的变化趋势角度，考察其经济效益的演进路径。

根据上文测算得到的中国各类高科技制造品及其总体的国内生产集约率（JYL_d）与总生产集约率（JYL），本书将其各样本年情况进行了比较，如图 3 – 5 与图 3 – 6 所示。

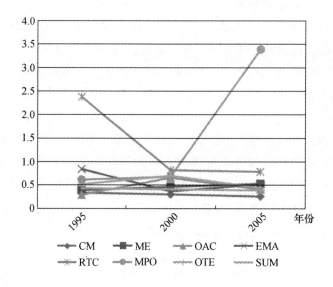

图 3 – 5　中国历年各类高科技制造品及其总体国内生产集约率（JYL_d）变化趋势

注：CM、ME、OAC、EMA、RTC、MPO、OTE 分别代表各类高科技制造品，详见表 2 – 7，SUM 代表高科技制造品总体。

资料来源：根据 OECD 数据库计算整理。

从图 3 – 5 可以看出，经济效益总体处于上升趋势的是医疗设备、精密及光学仪器（MPO）与机械和设备（ME）类产品，尤其是医疗设备、精密及光学仪器类产品 2000—2005 年国内生产集约率（JYL_d）增幅较大，这与上文分析中该类产品与发达样本国经济效益差距缩小的结论相符合。机械和设备类产品增长趋势缓慢，只有微弱增长，在所有样本期仍落后于所有样本国。JYL_d 先增长后下降的是办公及计算器具（OAC）与其他运输设备（OTE）类产品，与这两类产品的经济效益由 1995 年落后于全部 OECD 样本国，到 2000 年超过部分样本国，缩小了与发达国家的差距，再到 2005 年重返最落后的状态相一致。无线电及通信设备（RTC）类产品 JYL_d 总体呈下降趋势，且 1995—2000 年下降剧烈，JYL_d 降幅达 65.5%。这一现象符合上文对该类产品 1995 年经济效益优于发达样本国，2000 年之后，该优势消失的实证结果。其余几类高科技制造品与高科技制造品总体的 JYL_d 均呈下降趋势，说明中国高科技制造品国内中间投入的经济效益除个别类别的产品外（MPO）总体 1995—2005 年呈下降趋势。因此，在发达国家样本期经济不景气，高科技制造品经济效益增长停滞，甚至出现下行的情况下，与 OECD 样本国差距非但未缩小，反而呈现出加大的趋势。

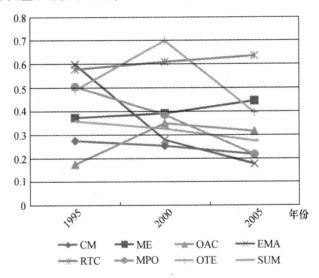

图 3 – 6　中国历年各类高科技制造品及高科技制造品
总体生产集约率（JYL）变化趋势

注：CM、ME、OAC、EMA、RTC、MPO 、OTE 分别代表各类高科技制造品，详见表 2 – 7，SUM 代表高科技制造品总体。

资料来源：根据 OECD 数据库计算整理。

与图 3 – 5 相似，图 3 – 6 表明，多数类别的中国高科技制造品与高科技制造品总体的总中间投入的经济效益呈下降趋势。无线电及通信设备（RTC）与机械和设备（ME）类产品的总生产集约率（JYL）以平稳较缓的幅度增长，说明这两类总中间投入品的经济效益一直在提高。这与如图 3－5 所示无线电及通信设备类产品国内中间投入的经济效益呈下降趋势相反。这是因为该类产品的进口中间投入的经济效益呈增长趋势，逐渐好于呈下降趋势的国内中间投入造成的（1995 年该类产品的进口及国内生产集约率分别为 0.76 与 2.38，2000 年为 2.37 与 0.82，2005 年为 3.23 与 0.79）。办公及计算器具与其他运输设备类产品总中间投入的总生产集约率均先增后降，表现出与国内中间投入品相似的走势，均与该类产品在 2000 年呈与发达样本国经济效益差距缩小的状况相符合。医疗设备、精密及光学仪器类产品（MPO）总生产集约率一直呈下降趋势，表明其总中间投入的经济效益下降，与该类产品的国内中间投入经济效益提高的趋势相反。这是由其进口中间投入的生产集约率逐步降低，以致进口中间投入品的经济效益大大落后于其国内中间投入品造成的（1995 年该类产品的进口及国内生产集约率分别为 2.68 与 0.62，2000 年为 0.88 与 0.69，2005 年为 0.23 与 3.39）。化学和化学产品、电气机械及设备类高科技制造品与高科技制造品总体总生产集约率均始终呈下降趋势，表明它们总中间投入品的经济效益正日益恶化。

三　形成中国高科技制造品增长质量模式的原因分析

通过以上从中国高科技制造品中间投入的经济效益与经济发达的 OECD 国家的比较，以及历年其经济效益的发展趋势两个方面对中国高科技制造品的增长质量进行分析，本书发现中国各类高科技制造品中间投入的经济效益，或者说增长质量有很大不同。中国高科技制造品总体水平较低，且呈下降趋势。为了探寻造成这种现象的原因，需要从高科技制造品进口及国内中间投入对其增加值对所起的作用入手展开分析，考察中国高科技制造品增长质量模式的成因。

（一）造成中国高科技制造品国内中间投入品经济效益较低且呈下降趋势的原因

20 世纪 70 年代末改革开放之初，中国经济是一种靠高投入、高消耗、高污染促增长的粗放型的增长方式，造成了各行业经济效益低下。尤其是中国高科技制造业是伴随着中国经济的高速增长，近几十年刚刚发展起来的新兴产业，其国内中间投入的技术含量与经济效益与发达国家相比还具有相当差距。造成中国高科技制造品经济效益下降的原因，主要有以下两点：

1. 大量重复建设、恶性竞争的存在

各地区为追求 GDP 增长，大力推行企业数量及规模的扩张，包括高科技制造业的生产。由于目前中国市场机制不健全，各地条块分割严重使资源及要素流动不畅，导致大量重复建设、恶性竞争的存在。当效益较低的高科技制造企业数量或规模超过效益较高的企业时，势必造成中国高科技制造品整体经济效益的下滑。

2. 贫困落后地区出于迅速脱贫致富的现实需要

受制于资金技术缺乏，人员素质较低，再加上信息不畅、交通不便、投资条件不好，等等，只能选择容易上马的短、小、快项目，即便是效益不太高的项目，只要正常盈利就比靠天吃饭的农业强得多，效益方面自然就退而求其次了。

（二）中国高科技制造品进口中间投入对高科技制造品总体经济效益作用的探讨

1. 中国高科技制造品进口中间投入经济效益的发展趋势

根据（3.17）式，本书测算了各样本年中国各类高科技制造品及高科技制造品总体进口中间投入的生产集约率（JYL_f 表示），其历年的发展趋势如图 3-7 所示。

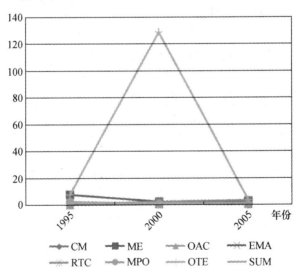

图3-7　中国各类高科技制造品及其总体进口中间

投入生产集约率（JYL_f）的变化趋势

注：CM、ME、OAC、EMA、RTC、MPO、OTE 分别代表各类高科技制造品，详见表2-7，SUM 代表高科技制造品总体。

资料来源：根据 OECD 数据库计算整理。

从图 3 - 7 可以看出，中国各类高科技制造品进口中间投入的经济效益存在差异，但大体上均比较平稳，1995 年、2000 年及 2005 年变化不大。只有其他运输设备（OTE）类产品变化较大，造成 2000 年该类产品总中间投入品的经济效益上升（见图 3 - 6），然后 2005 年又恢复至较低水平。根据（3.18）式可知，总生产集约率的变化不仅取决于其进口及国内生产集约率的变化，而且取决于其进口及国内中间投入占总中间投入份额的变化。即各类高科技制造品进口及国内中间投入比重的变动也会对该类产品总中间投入经济效益的变动产生影响。用公式表示为：

$$\dot{JYL}_i(JYL_{di}, JYL_{fi}, \alpha, \beta, t) = \dot{\alpha}(t)JYL_{di}(t) + \alpha(t)\dot{JYL}_{di}(t) +$$

$$\dot{\beta}(t)JYL_{fi}(t) + \beta(t)J\dot{YL}_{fi}(t) \tag{3.19}$$

其中，$\dot{JYL}_i$、$\dot{JYL}_{di}$、$\dot{JYL}_{fi}$、$\dot{\alpha}$、$\dot{\beta}$ 分别是各变量对时间求偏导数，即：

$$\dot{JYL}_i(JYL_{di}, JYL_{fi}, \alpha, \beta, t) = \frac{\partial JYL_i(JYL_{di}, JYL_{fi}, \alpha, \beta, t)}{\partial t}$$

$$\dot{JYL}_{di}(t) = \frac{\partial JYL_i(JYL_{di}, JYL_{fi}, \alpha, \beta, t)}{\partial JYL_{di}} \frac{dJYL_{di}}{dt}$$

$$\dot{JYL}_{fi}(t) = \frac{\partial JYL_i(JYL_{di}, JYL_{fi}, \alpha, \beta, t)}{\partial JYL_{fi}} \frac{dJYL_{fi}}{dt}$$

$$\dot{\alpha}(t) = \frac{\partial JYL_i(JYL_{di}, JYL_{fi}, \alpha, \beta, t)}{\partial \alpha} \frac{d\alpha}{dt}$$

$$\dot{\beta} = \frac{\partial JYL_i(JYL_{di}, JYL_{fi}, \alpha, \beta, t)}{\partial \beta} \frac{d\beta}{dt}$$

假设 $\dfrac{\partial JYL_i(JYL_{di}, JYL_{fi}, \alpha, \beta, t)}{\partial JYL_{di}}$、$\dfrac{\partial JYL_i(JYL_{di}, JYL_{fi}, \alpha, \beta, t)}{\partial JYL_{fi}}$、

$\dfrac{\partial JYL_i(JYL_{di}, JYL_{fi}, \alpha, \beta, t)}{\partial \alpha}$、$\dfrac{\partial JYL_i(JYL_{di}, JYL_{fi}, \alpha, t)}{\partial \beta}$ 为常数，这里分别将其设为 k_1、k_2、k_3 及 k_4，则（3.19）式可改写为：

$$\dot{JYL}_i(JYL_{di}, JYL_{fi}, \alpha, \beta, t) = k_1\alpha(t)\frac{dJYL_{di}(t)}{dt} + k_2\beta(t)\frac{dJYL_{fi}(t)}{dt} +$$

$$k_3JYL_{di}(t)\frac{d\alpha(t)}{dt} + k_4JYL_{fi}(t)\frac{d\beta(t)}{dt} \tag{3.20}$$

由（3.18）式可知，当 i 类产品国内与进口中间投入的份额 α、β 不变，即 $\dfrac{d\alpha(t)}{dt} = 0$、$\dfrac{d\beta(t)}{dt} = 0$ 时，得到：

$$\Delta JYL_i = \alpha \Delta JYL_{di} + \beta \Delta JYL_{fi} \tag{3.21}$$

若进口生产集约率变化较小（或为零），即若 $\Delta JYL_{fi} \approx 0$，有：

$$\Delta JYL_i \approx \alpha \Delta JYL_{di} \tag{3.22}$$

即 i 类产品总生产集约率的变化近似于由其国内生产集约率决定，相当于 i 类产品总中间投入经济效益的变化由其国内中间投入经济效益的变化决定。因此，在不考虑各类高科技制造品进口与国内中间投入份额变化的情况下，进口生产集约率基本未变的高科技制造品的总中间投入经济效益的变化主要由其国内中间投入经济效益的变化所决定。

2. 中国各类高科技制造品进口中间投入份额的变化趋势

本书测算了各样本年中国各类高科技制造品进口中间投入占该类产品总中间投入的比重，并将各年的值进行比较，以期发现各类高科技制造品进口投入份额的变化对该类产品总中间投入经济效益的影响机制。该测算结果如图 2 - 15 所示。

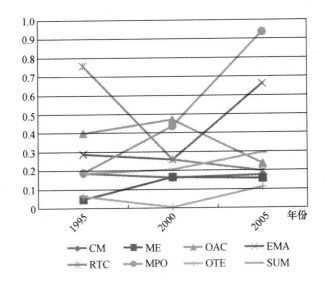

图 3 - 8　历年中国各类高科技制造品进口中间投入份额的变化趋势

注：CM、ME、OAC、EMA、RTC、MPO、OTE 分别代表各类高科技制造品，详见表 2 - 7，SUM 代表高科技制造品总体。

资料来源：根据 OECD 数据库计算整理。

从图 3 - 8 可以得知，中国各类高科技制造品中间投入品占其总中间投入比重的变化趋势相差较大。则各类产品总生产集约率的变化由进口及国内生产集约率的变化与进口及国内中间投入的份额的变化两方面因素综合决定。

　　医疗设备、精密及光学仪器（MPO）类产品进口中间投入份额呈增长趋势，1995 年、2000 年及 2005 年，该份额分别为 18.5%、43.8% 与 93.6%。且该类产品进口中间投入的经济效益呈下降趋势，各样本年其进口生产集约率分别为 2.68、0.88 与 0.23。虽然该类产品国内中间投入的经济效益逐渐增大，1995 年、2000 年及 2005 年，其 JYL_d 分别为 0.62、0.69 与 3.39，根据（3.18）式可知，最终导致该产品总生产集约率分别为 1、0.77 与 0.05，即该类产品的总中间投入的经济效益呈明显下降趋势。化学和化学产品（CM）类产品进口中间投入份额在样本期均较小（平均值为 17%），且变化不大，且 1995 年、2000 年及 2005 年该类产品进口投入经济效益基本保持未变（见图 3-7），因此，该类高科技制造品总生产集约率的变化主要取决于该类产品国内生产集约率的变动。换言之，该类产品总中间投入经济效益的变化主要由其国内中间投入经济效益的变化决定。该类产品国内中间投入的经济效益呈缓慢下降趋势，因此，其总中间投入的经济效益也表现出较小的下降趋势（见图 3-5 和图3-6）。机械和设备（ME）类产品进口中间投入的份额不高（低于 20%），但 1995—2000 年其变化较大。其国内生产集约率呈逐步较小的上升趋势，进口生产集约率先降后升，以上因素共同作用的结果，使该类产品的总生产集约率表现出以较缓速率增加的趋势。办公及计算器具（OAC）类产品的进口投入份额先升后降，其国内中间投入的经济效益的变化趋势为先升后降，进口中间投入的趋势为逐渐上升，由于进口投入份额 2005 年已由 2000 年的 47.1% 下降为 2005 年的 23.8%，因此以上因素合力使该产品总生产集约率呈先升后降的趋势。以此类推，中国各类高科技制造品及高科技制造品总体的总中间投入的经济效益表现出各自的变化趋势。

　　通过以上分析可知，为提高高科技制造品总中间投入的经济效益，可从设法提高国内与进口中间投入的经济效益两方面入手。中国仍处于工业化进程中，增加值率持续下降有着一定的必然性，这也可能是在工业化过程中的必经阶段。然而，政府管理部门仍然可以有所作为，采取有力手段，不使增加值率下降得太多，或者尽量缩短这个下降期，尽快提高效益。如可以采取资金扶持，产业政策引导等相应措施，提高生产技术水平，增强自主创新能力，等等，以提高国内中间投入品的经济效益。同时，可从调整该类产品进口（或国内）生产集约率与其进口（或国内）中间投入份额两方面寻找对策。

四　中国高科技制造品出口增长质量分析

通过上文的分析可知，生产集约率是衡量中间产品生产效益的有效指标。鉴于此，本书设计了一个测度双边贸易中间投入经济效益，即衡量出口增加值增长质量的指标——出口集约率（EJY），定义如下：

$$EJY_{ij}(s) = \frac{va_{ij}(s)}{ip_{ij}}(s) \qquad (3.23)$$

式中，$va_{ij}(s)$代表从国家i出口到国家j的s类产品的出口增加值，$ip_{ij}(s)$代表从国家i出口到国家j的s类中间产品投入，$EJY_{ij}(s)$代表从国家i出口到国家j的s类产品的出口集约率。$EJY_{ij}(s)$反映了出口产品增加值中，或者说，出口产品国内含量中，本国的中间产品在出口中所起的作用大小。因此，出口集约率可视为衡量出口经济效益的指标。

本书根据上文计算得到的中国与 OECD 样本国双边投入产出表，测算了中国与各样本国 2009 年高科技制造品双边出口集约率，并将中国与各样本国进行比较，结果如表 3 - 8 至表 3 - 10 所示。

表 3 - 8　2009 年中国与各样本国高科技制造品双边出口集约率（EJY_{ij}）

	$EJY_{12}(s)$	$EJY_{21}(s)$	$EJY_{13}(s)$	$EJY_{31}(s)$	$EJY_{14}(s)$	$EJY_{41}(s)$	$EJY_{15}(s)$	$EJY_{51}(s)$
CM	3.39	0.51	4.77	0.46	3.02	0.61	2.95	0.58
ME	5.5	2.12	3.39	2.25	2.23	2.46	1.21	2.29
OAC		1.12	1.3	0.72	2.93	1.31	1.32	1.22
EMA	2.08	0.63	1.68	0.58	1.82	0.52	1.03	0.68
RTC		2.21	1.32	2.55	0.98	4.55	0.51	2.95
MPO	3.56	2.16		1.44	1	3.52	1.37	2.41
OTE	2.32	1.99	1.02	1.92	3.9	1.35	1.55	1.39
SUM	3.06	0.79	1.75	0.63	1.73	0.77	0.98	1.05

注：CM、ME、OAC、EMA、RTC、MPO、OTE 分别代表各类高科技制造品，详见表 2 - 7，SUM 代表高科技制造品总体。下标数字 1—5 分别代表中国、澳大利亚、加拿大、法国与德国。

资料来源：根据 OECD 数据库计算整理。

表 3 - 9　　　　2009 年中国与各样本国高科技制造品双边出口集约率（EJY_{ij}）

	EJY_{16} (s)	EJY_{61} (s)	EJY_{17} (s)	EJY_{71} (s)	EJY_{18} (s)	EJY_{81} (s)
CM	1.38	0.48	2.22	0.51	0.93	0.33
ME	1.15	2.11	1.69	2.43	2.19	1.88
OAC	4.55	1.05	2.22	0.89	0.86	0.66
EMA	0.83	0.64	0.52	0.7	0.69	0.48
RTC	1.32	4.81	6.34	1.26	0.38	1.61
MPO	0.97	2.23	2.26	2.13	0.99	1.46
OTE	1.01	3.6	0.81	1.7	1.85	1.31
SUM	1.2	1.02	1	0.87	0.67	0.6

注：CM、ME、OAC、EMA、RTC、MPO、OTE 分别代表各类高科技制造品，详见表 2 - 7，SUM 代表高科技制造品总体。下标数字 6—8 分别代表意大利、日本与韩国。

资料来源：根据 OECD 数据库计算整理。

表 3 - 10　　　2009 年中国与各样本国高科技制造品双边出口集约率（EJY_{ij}）

	EJY_{19} (s)	EJY_{91} (s)	EJY_{110} (s)	EJY_{101} (s)	EJY_{111} (s)	EJY_{111} (s)
CM	1.79	0.51	2.79	0.68	3.31	0.61
ME	1.33	2.35	3.33	2.42	3.47	2.38
OAC	1.29	2.01	6.14	1.12	2.45	1.24
EMA	0.98	0.54	1.57	0.64	1.96	0.68
RTC	1	12.21	1.51	5.09	0.8	4.28
MPO	0.83	2.99	2.45	2.21	3.87	2.44
OTE	1.09	1.69	1.19	1.83	1.99	1.66
SUM	1.21	0.85	2.34	0.94	1.69	0.98

注：CM、ME、OAC、EMA、RTC、MPO、OTE 分别代表各类高科技制造品，详见表 2 - 7，SUM 代表高科技制造品总体。下标数字 9—11 分别代表荷兰、英国与美国。

资料来源：根据 OECD 数据库计算整理。

从表 3 - 8 至表 3 - 10 可以看出，在中国各类高科技制造品双边出口中，经济效益较好的中间投入品包括化学和化学产品（CM）、办公及计算器具（OAC）及电气机械及设备（EMA）类产品。化学和化学产品（CM）类产品上，中国对全部十个 OECD 样本国的出口集约率均高于对方对中国的出口集约率（或称中国对各样本国的进口集约率）。中国在对办公及计算器具（OAC）类产品的双边出口上，仅对荷兰的出口集约率小于进口集约率，对其余九个 OECD 国家的出口集约率均大于对方，说明在该产品双边出口上，中国出口经济效益除弱于荷兰外，好于所有其他样本国。同样，在电气机械及设备（EMA）类产品的双边出口上，中国出口经济效益仅小于日本。而且，中国在与 OECD 国家的双边贸易中，高科技制造品总体（SUM）的出口经济效益也表现较好，仅不及德国。经济效益一般的中间投入品包括：机械和设备（ME）与其他运输设备（OTE）类高科技制造品。中国对这两类产品的出口集约率均高于五个 OECD 样本国，说明中国在该类产品出口经济效益上与 OECD 国家整体持平，表现一般。经济效益较差的产品包含：无线电及通信设备（RTC）与医疗设备、精密及光学仪器（MPO）类产品。中国对医疗设备、精密及光学仪器（MPO）类产品的出口经济效益好于 4 个 OECD 样本国，对无线电及通信设备（RTC）类产品的出口经济效益则仅好于一个样本国。中国在无线电及通信设备（RTC）类产品出口经济效益上之所以表现极差，是因为该类产品的贸易方式在中国主要以加工出口为主，这种贸易方式带给中国的是在中间投入一定的情况下非常低的加工产品增加值。因此，中国在该类产品上出口经济效益很差。

根据以上分析，中国可制定相关贸易政策，改变低附加值加工出口产品无序发展的贸易方式，推动高技术含量、高附加值出口加工产品的出口增长，同时促进一般贸易中各类高科技制造品的出口，从而提高中国高科技制造品的出口经济效益。

第四节　中国制造业增加值含量形成机制分析

为了阐明中间产品贸易中形成的双边出口增加值比例的差异，本书构建了两个分解，一是对双边出口增加值比例的分解；二是对双边出口的分解。

一　双边出口增加值比例分解

本书将出口增加值比例的变化分解为两部分：一是源于对各目的国出口组成的不同引起的部分；二是由于双边贸易中生产分担关系的不同引起的部分。第二部分的分解可由产出如何在跨境生产链中流通直接观察到，该产出的跨境流通将双边出口拆分为在目的国被吸收及消费的部分、反馈回并最终在来源国被消费的部分，以及重定向并最终在第三国消费的部分。

为构建第一个分解，将双边总增加值比例（rez）表示为：

$$\frac{ezj_{ij}}{le_{ij}} = \frac{l(I - H_{ii} - H_{fi})x_{ij}}{le_{ij}}$$

$$= \frac{l(I - H_{ii} - H_{fi})(I - H_{ii})^{-1}e_{ij}}{le_{ij}} + \frac{l(I - H_{ii} - H_{fi})(x_{ij} - (I - H_{ii})^{-1}e_{ij})}{le_{ij}} \quad (3.24)$$

（3.24）式第一项相当于 Hummels（2001）使用双边出口计算的出口国内含量的测算结果（用 HUM 表示）。对于一给定的出口来源国，它仅由于各目的国出口篮子商品组成的变化而变化。第二项为生产分担（用 SFD 表示）调整的结果。该调整依赖国家 i 的产出在国家 j 被消费的量 x_{ij}，与国家 i 的总产出需要用于生产对国家 j 的出口品 $(I - H_{ii})^{-1}e_{ij}$ 间的差。当 $x_{ij} < (I - H_{ii})^{-1}e_{ij}$ 时，增加值比例小于双边 HUM 基准项。当国家 i 出口到国家 j 的中间制造品，体现在外国制成品或用于生产国内最终产品的中间品中反馈回本国，或体现在国家 j 的产品中重定向到第三方目的国时，会出现这种情况。当 $x_{ij} > (I - H_{ii})^{-1}e_{ij}$ 时，增加值比例大于双边 HUM 基准项。当国家 i 出口到某些第三方国家的中间制造品，体现在最终产品中直接或间接被国家 j 吸收时，这种情况会发生。

为了量化以上解释增加值比例分解中每一项的作用，本书将每个样本国对各目的国双边总出口增加值比例的方差 $var_i\left(\dfrac{ezj_{ij}}{le_{ij}}\right)$ 分解为由于 HUM 项与 SFD 项引起的变化。图 3－9、图 3－10 分别报告了各样本国分别由 HUM 项与 SFD 项解释的制造品与高科技制造品双边总增加值比例方差的份额。

从图 3－9、图 3－10 可以看出，生产分担调整（SFD 项）明显主导了分解，这意味着贸易伙伴国生产分担关系的不同，而非对各目的国出口组成的不同导致了各样本国制造品与高科技制造品双边总增加值比例的差异。决定该双边增加值比例的因素，不是一个出口国对目的国的出口商品组成，而是这些商品如何在国外被使用。比如，尽管美国向加拿大和德国出口汽车零件，但美国对加拿大的增加值比例低于对德国的该值，这是因为加拿大是美国跨境生产链上的一员，生产分担关系更突出。

二　双边出口分解

为更直接地观测样本国制造业与高科技制造业生产链，本书构建了第二个分解，即将样本国双边总出口按照出口商品被吸收、被反馈或被重定

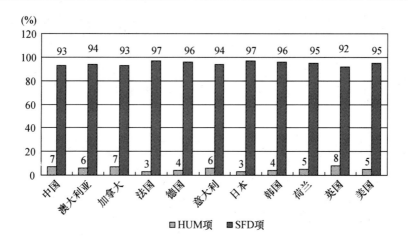

图3-9　样本国制造品双边总增加值比例分解

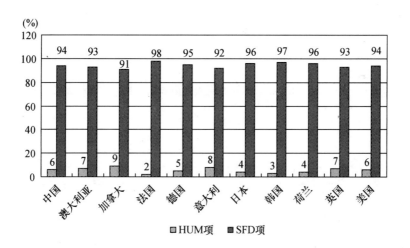

图3-10　样本国高科技制造品双边总增加值比例分解

向到第三方目的国进行拆分。在这个出口分解中，使用由双边出口划分而来的最终产品、中间品及用于国外目的地的产出分解：

$$le_{ij} = l(y_{ij} + H_{ij}x_j) = l(y_{ij} + H_{ij}x_{jj}) + lH_{ij}x_{ji} + \sum_{q \neq j,i} lH_{ij}x_{jq} \qquad (3.25)$$

（3.25）式右侧第一项为样本国制造业或高科技制造业双边出口在目的国 j 被吸收和消费的部分，包括来自国家 i 的最终产品，k 及体现在国家 j 的消费品中的来自国家 i 的中间品。第二项为体现在国家 j 的产品中，被反馈回本国的国家 i 的中间品。第三项为体现在国家 j 的产品中，在所有其他目的国消费的国家 i 的中间品加总。

图 3 – 11 至图 3 – 14、图 3 – 15 至图 3 – 18 分别报告了中国、美国、日本、韩国制造品与高科技制造品双边总出口分解的结果：

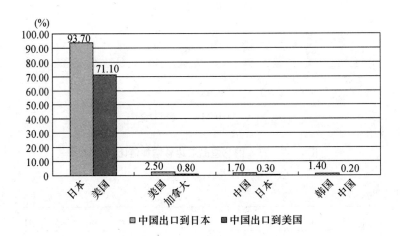

图 3 – 11　中国分别出口到日本和美国的制造品被吸收、反馈或重定向的比例

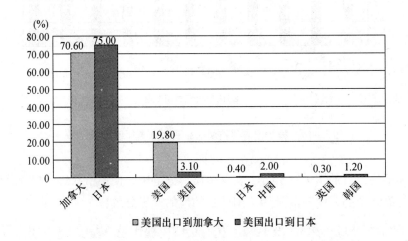

图 3 – 12　美国分别出口到加拿大和日本的制造品被吸收、反馈或重定向的比例

以上各图中描述了双边出口中对商品最终被消费的每一目的国的近似

出口份额。每一给定出口国对各目的国的出口份额相加之和不等于1，是因为表中仅列出出口最多的前4个目的国的份额。使用数据为2009年数据。

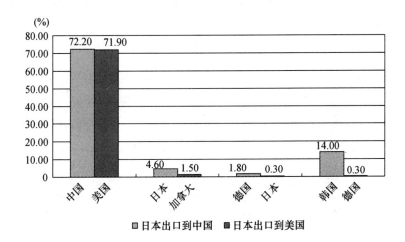

图3-13 日本分别出口到中国和美国的制造品被吸收、反馈或重定向的比例

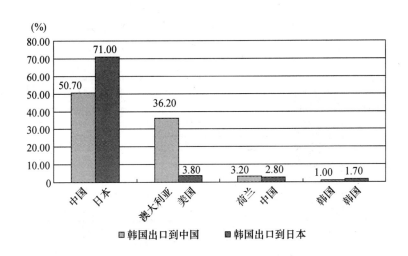

图3-14 韩国分别出口到中国和日本的制造品被吸收、反馈或重定向的比例

图3-11至图3-14给出了样本国家对制造品双边总出口分解的结果。图3-11显示，中国出口到日本的制造品基本上完全在日本被吸收，

表明中国与日本间制造品贸易存在的生产分担关系非常弱,地理位置接近并不意味着有紧密的双边生产分担联系。与中国对日本的贸易相比,中国对美国的出口有近30%被重定向或反馈。图3-12显示,美国出口到加拿大的制造品,主要被吸收或反馈回美国消费,对日本的出口,75%的部分被吸收。

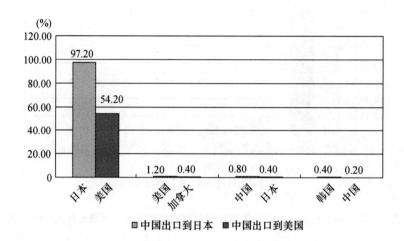

图 3-15   中国分别出口到日本和美国的高科技制造品被吸收、反馈或重定向的比例

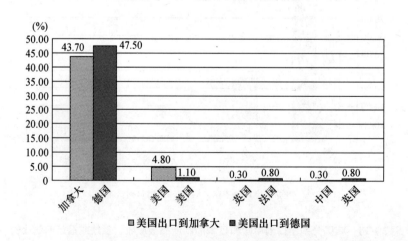

图 3-16   美国分别出口到加拿大和德国的高科技制造品被吸收、反馈或重定向的比例

　　图3－13显示，日本出口到中国与美国的制造品大多数被吸收，其余
被重定向或反馈回日本。图3－14显示，韩国出口到中国的制造品，绝大
部分被吸收或重定向到澳大利亚。与之相比，对美国的出口，大部分被吸
收。可以看出，韩国与澳大利亚等其他目的国通过中国从事三角贸易。表
明中国在制造品上在亚洲起着生产分担枢纽的作用。总之，从图3－11至
图3－14可以看出，各样本国制造品贸易存在较强的生产分担关系。

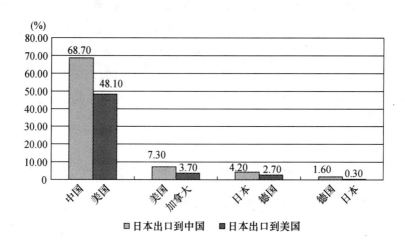

**图3－17　日本分别出口到中国和美国的高科技
制造品被吸收、反馈或重定向的比例**

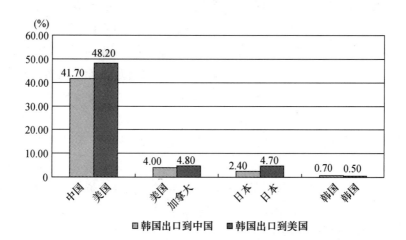

**图3－18　韩国分别出口到中国和美国的高科技
制造品被吸收、反馈或重定向的比例**

　　与图3-11至图3-14的结果类似，图3-15显示，中国对日本出口的高科技制造品几乎完全被吸收，表明中国与日本高科技制造品贸易存在极弱的生产分担联系。与之相比，中国对美国的出口，仅有54%被吸收，近一半被重定向或反馈。图3-16显示，美国分别对加拿大与德国出口的高科技制造品仅有不到50%被吸收，表明美国与这两个国家在高科技制造品贸易方面存在较强的生产分担关系。图3-17显示，日本对中国的出口，大部分被吸收，其余被重定向的美国等其他国家或反馈回日本消费。而日本对美国的出口，则仅有一半左右被吸收。图3-18显示，韩国对中国与美国的出口显示，均仅有不到50%被吸收，其余半数被重定向或反馈，也反映出中国在高科技制造贸易方面在亚洲同样起着生产分担枢纽的作用。因此，图3-15至图3-18表明，各样本国高科技制造品贸易同样存在明显的生产分担关系。

第五节　高科技制造品中间投入贸易的决定因素分析

　　过去几十年来，制造业垂直一体化生产过程中的跨境生产分担已是经济全球化的一个重要方面。受利用发展中国家相对廉价劳动力的动机所驱使，分散各地的相关生产活动已成为近年来推动发达和发展中国家中间品贸易迅速发展的主要动力（Egger and Egger，2005；Gorg，2000）。而这与新古典贸易理论模型的预期相符合（Jones and Kierzkowski，1990），许多分析也指出，基础设施水平、法律制度、技术和管理技能等因素也有同样重要性（e. g.，Grossman and Helpman，2005）。通过上文分析可知，生产分担是中国制造品与高科技制造品出口增加值含量变动的最主要因素。中间产品贸易的增长体现了各国较强的跨境生产分担协作，因此可以说，中间产品贸易在中国制造品与高科技制造品出口增加值含量变动中起着关键作用。为了促进高科技制造品出口增加值含量持续稳步提高，本书对中国高科技制造业中间产品贸易的决定因素展开分析。

一　理论模型

　　借鉴安德森（Anderson，1979）和迪尔多夫（Deardorff，1998）的模型系列中类似于引力的结构理论，本书定义E_{ij}^s为产品种类s从国家i到国

家 j 的出口，设 $\{X_i^s, D_i^s\}$ 为 i 国 s 类产品生产与支出的价值。则 CES 需求结构为：

$$E_{ij}^s = (p_{ij}^s/P_j^s)^{1-\eta_s} D_j^s \tag{3.26}$$

式中，η_s 是产品种类间的替代弹性，p_{ij}^s 是 i 国收取的产品种类 s 出口到 j 国的价格，P_j^s 是 CES 价格指数：

$$P_j^s = \left[\sum_i (p_{ij}^s)^{1-\eta_s} \right]^{1/(1-\eta_s)} \tag{3.27}$$

假设贸易成本和贸易成正比意味着价格 p_{ij}^s 可以写成 $p_i^s u_{ij}^s$ 的形式，这里 p_i^s 是 i 国生产者收取的供给价格，u_{ij}^s 是相当于贸易成本的、独立于贸易量的从价税。

为了对所有的 i 和 s 产生引力，施加市场出清条件：

$$X_i^s = \sum_j E_{ij}^s \tag{3.28}$$

从市场出清条件中解出供给价格 p_i^k，并将其代入（3.26）式和（3.27）式，就产生了如下解系统：

$$E_{ij}^s = \frac{D_j^s X_i^s}{X^s} \left(\frac{u_{ij}^s}{P_j^s \Delta_i^s} \right)^{1-\eta_s} \tag{3.29}$$

这里 $(\Delta_i^s)^{1-\eta_s} = \sum_j \left(\frac{u_{ij}^s}{P_j^s} \right)^{1-\eta_s} \frac{D_j^s}{X^s}$，$(P_j^s)^{1-\eta_s} = \sum_i \left(\frac{u_{ij}^s}{\Delta_i^s} \right)^{1-\eta_s} \frac{X_i^s}{X^s}$，$X^s$ 是部门 s 的世界产出。上述理论的主要观点是双边贸易依赖相对贸易障碍。关键变量 Δ_i^s 和 P_j^s 分别表示向外和向内的多边阻力。它们总结了一国与其贸易伙伴国间的平均贸易阻力。

假定双边贸易障碍是可观测到的变量 $\delta_{ij}^{v_s}$ 的函数，贸易成本函数的形式为：$u_{ij}^s = \prod\limits_{v_s=1}^{V_s} (\delta_{ij}^{v_s})^{\lambda_{v_s}}$，则对数形式的引力公式为：

$$e_{ij}^s = x_i^s + d_j^s + \sum_{v_s=1}^{V_s} \gamma_{v_s} \ln(\delta_{ij}^{v_s}) - (1-\eta_s)\ln(\Delta_i^s) - (1-\eta_s)\ln(P_j^s) + \varepsilon_{ij}^s \tag{3.30}$$

这里，$e_{ij}^s = \ln(E_{ij}^s)$，$x_i^s = \ln(X_i^s)$，$\gamma_{v_s} = (1-\eta_s)\lambda_{v_s}$，$e_{ij}^s$ 和 x_i^s 是可观测的变量，ε_{ij}^s 是误差项。

（3.30）式是部门水平贸易的引力公式，同理，借鉴安德森和凡·温库普（2003）关于一国总贸易决定因素的理论模型，可得出类似于（3.30）式的总贸易引力公式如下：

$$e_{ij} = x_i + x_j + \sum_{v=1}^{V} \gamma_v \ln(\delta_{ij}^v) - (1-\eta)\ln(\Delta_i) - (1-\eta)\ln(P_j) + \varepsilon_{ij}$$

$$(3.31)$$

式中，$e_{ij} = \ln(E_{ij})$，$x_i = \ln(X_i)$，$\gamma_v = (1-\eta)\lambda_v$，$e_{ij}$ 和 x_i 是可观测的变量，ε_{ij} 是误差项。

根据以上理论推导可知，一国各类产品出口是该国收入、国外需求、贸易障碍及价格因素的函数。

二　变量选取与计量模型设定

本书的实证分析基于一个修正的贸易流的引力模型。最早将引力模型用于研究国际贸易的是 Tinbergen（1962）和 Poyhonen（1963），他们分别独立使用引力模型研究、分析了双边贸易流量，并得出了相同的结果：两国双边贸易规模与他们的经济总量成正比，与两国之间的距离成反比。ljnnemannn（1966）在引力模型里加入了人口变量，认为两国之间的贸易规模还与人口有关，人口多少与贸易规模呈正相关关系。Berstrand（1989）则更进一步，用人均收入替代了人口数量指标。进出口两国的经济规模和人口总量分别反映该市场中潜在的需求能力和供给能力，两种能力的大小正面影响着两国潜在贸易的规模，而距离的远近通过影响运输成本成为两国贸易的阻碍因素。然而，根据 Baldwin 和 Taglioni（2011），当用于分析零部件贸易时，标准的引力模型可能有重要局限性，如因为零部件贸易包括第三国，并且与最终产品的贸易联系紧密，一国 GDP 在其自身进口方面的解释力被大大削弱了。他们表明，一个使用恰当代理变量的修正的引力模型能够克服标准引力模型某些主要限制，更好地拟合实际经济情况。在扩展后的贸易引力模型中，常常添加的变量有两类：一类是添加虚拟变量。如共同语言、共同边界、共同殖民历史、共同宗教等。另一类是添加制度质量指标变量。如是否同属一个优惠贸易协定或者区域经济一体化组织、政府治理质量、合约实施保障等。进入 21 世纪近 10 年以来，随着制度经济学的蓬勃发展，制度质量因素开始广泛引入贸易引力模型，并开始用具体量化的指标来衡量制度因素对双边贸易的影响。

根据上文理论分析，并借鉴以上分析中对修正的引力模型中变量的设定，本书选取出口国 GDP 及人均 GDP 作为代表该国需求与供给的解释变量，选取贸易伙伴国双边距离、单位劳动力成本、基础设施、制度质量、共同边界、共同语言、自由贸易协定作为代表贸易障碍的解释变量。被解释变量设为高科技制造品零部件贸易流（td），且分别单独估计出口（ex）和进口（im）。在修正的引力模型中增设的变量详见下述。

1. 高科技零部件产业的进口与出口

本书根据 OECD 数据库的分类方法，高科技制造品分为七类产品，具体同上文所述（见表 2-7）。首先，根据表 2-7，将上文 HS 国际贸易商品分类体系下 2045 种中国高科技制造品，按照联合国国际商品贸易统计方法中 HS 与 BEC 分类方法的对应表，转换成联合国广义经济分类（BEC）系统中的产品，并选择相关零部件产品。建立 BEC 系统的初衷是为了将贸易数据归类到在国民账户体系（SNA）中有意义的最终使用类别中。BEC 分类在 SNA 中近似于三个基本商品类别，即资本品、中间产品及消费品。BEC 包括 19 个基本类别和更多次级分类。每个 BEC 类别是根据国际贸易标准分类（SITC）体系而定义。在 7 个主要类别中，工业供给品（BEC 2）、资本品（BEC 4）、交通设备类（BEC 5）包括零部件子类。然而，并不是划归为 BEC2、BEC4、BEC5 中的零部件项目就一定与严格意义上的零部件产品相对应。因此，本书将那些只有满足既属于 BEC 子类又对应于国际贸易标准分类 SITC5（化学和相关产品）、SITC7（机械和运输设备）及 SITC8（杂项制造品）的项目，定义为高科技制造品零部件产品。为此，按照联合国国际商品贸易统计方法中 HS 与 SITC 分类方法的对应表，将 HS 国际贸易商品分类体系下的全部中国高科技制造品与 SITC 分类体系下的商品进行比对。通过以上程序，最终获得的高科技零部件清单共包括 SITC 5 位数字水平的 124 种产品。

2. 单位劳动力成本

本书使用单位劳动力成本（dwl）来获取国内外工资率的差异，它取决于每个工人工资和劳动生产率的比值，因此该变量的设定符合比较优势理论。根据李嘉图的贸易理论，各国将会专业化生产它们有相对较低劳动力成本的产品。劳动力成本的高低是工资水平及劳动生产率共同作用的结果。然而，生产率的总差异决定于工资水平、教育水平、技能禀赋等因素，并且劳动力的使用效率也影响生产率水平。在全球中间产品贸易中，各国生产分担的影响因素包括某些国家具有的较低的劳动力成本，但较低工资的益处可能被较低的劳动生产率所抵消。

3. 基础设施和制度

基础设施（JC）水平（比如港口和通信设备）可能是中间产品贸易

中生产分担的一个重要决定因素（Grossman and Helpman, 2005; Jones, 2000; Jones and Kierzkowski, 1990），一个有更好基础设施的国家，由于较低的服务联系成本，往往成为某种生产操作的首选地点。而且，一国的法律和制度安排质量也可能影响零部件贸易中生产分担的地点选择，尤其是技术密集型零部件贸易（Anderson and Marcouiller, 2002; Levchenko, 2008; Nunn, 2007）。相比于现货市场交易与公平贸易，制度质量在涉及有特定长期投资关系的各方间建立复杂合同的生产分担中作用更大。因为如果较低的合同监管质量导致更多的不完全契约，生产分担的扩展将会受限。模型中将通过以下两个变量引入这些因素。首先设定港口贸易便利性效率的指标，本书使用港口基础设施质量来衡量贸易便利性。目的是获得加工贸易基础设施与监管程序效率的总体质量。由于更好的港口基础设施质量将促进贸易增长，因此，本书预期代表港口贸易便利性的港口基础设施变量会正向促进贸易发展。其次，设定制度质量变量，它是涵盖合同实施、产权、投资者保护、政治体系、法律制度及监管质量等的一个代理变量。由于完善的法规制度和监管体系是贸易增长的有力保证，因此，预期制度质量会有效地促进中国高科技制造品贸易的增长。

4. 其他变量

本书设定代表共同边界（*bor*）（Natalie Chen, 2004）、共同语言（*lag*）和自由贸易协定（*rta*）（Scott L. Baier and Jeffrey H. Bergstrand, 2007; Scott L. Baier and Jeffrey H. Bergstrand, 2009）的虚拟变量，用来解释作为贸易障碍主要表现形式之一的各种交易成本。首先，本书考虑到中国与新西兰、美国与澳大利亚、北美自由贸易协定（NAFTA）及美国与以色列间的自由贸易协定在相关贸易协定区域（或国家）内有较低的交易成本，因此预期该虚拟变量会有效促进贸易增长。其次，地理位置接壤、有共同边界的邻国（如美国及加拿大）及有共同语言的国家（如英联邦国家）风土人情、生活习惯等方面较为相似，这些国家间开展国际贸易交易成本将会较低，因此预期代表共同边界与共同语言的虚拟变量对贸易将产生积极的促进作用。最后，设定虚拟变量亚洲（*yz*）（如韩国、日本），代表被认为是自然生产网络的一组国家，由于中国对亚洲国家的贸易中比较成本低，因而较非亚洲国家增多，因此预期该变量也会显著正向促进贸易增长。

国际贸易中，汇率波动会对贸易产生较大影响（J. Ernesto López –

Córdova and Christopher M. Meissner, 2003; Piet Sercu and Raman Uppal, 2003; John T. Barkoulas, Christopher F. Baum and Mustafa Caglayan, 2002; Michael W. Klein and Jay C. Shambaugh, 2006)。真实汇率（rer）是测量贸易商品生产总竞争力的指标，长期中真实汇率的变动反映了成本竞争力的变化（Soloaga and Winters, 2001）。本书分别设定美元及人民币对贸易国货币的 rer 指数，较高的 rer 代表美元或人民币升值。由于汇率升值代表以外币表示的出口商品价格升高，不利于出口；汇率贬值则相反。因此，本书预期真实汇率升值对出口贸易产生负向影响，贬值会促进贸易增长。为了最小化遗漏变量偏差，本书加入了特定产品和时间虚拟变量。产品固定效应虚拟变量控制产业间无法测量（或观测不到）的、特定产业非时变的异质性。同样，特定时间效应用于控制产业间同质但长期中会变化的技术变化形式，并且获取其他商业周期效应。

根据以上分析与变量选定，设定基准模型如下：

$$
\begin{aligned}
\ln td_{iat} = {} & \beta_0 + \beta_1 \ln gdp_{it} + \beta_2 \ln pgdp_{it} + \beta_3 \ln jl_{if} + \beta_4 \ln bor + \beta_5 \ln lag \\
& + \beta_6 \ln rta + \beta_7 \ln yz + \beta_8 \ln dwl_{iat} + \beta_9 zd_{it} + \beta_{10} jc_{it} + \beta_{11} rer_{ift} + \\
& \lambda_a + t_t + \varepsilon_{iat}
\end{aligned} \tag{3.32}
$$

式中，gdp_{it} 代表出口国历年经济规模，$pgdp_{it}$ 代表出口国历年人均 GDP，测度人口因素对贸易的影响，jl_{if} 代表贸易伙伴国双方的地理距离，λ_a 与 t_t 分别代表产品固定效应与时间固定效应虚拟变量，上式中下标 i、f、a 和 t 分别代表出口国、进口国、产品与时间，ln 代表取自然对数。

三　数据说明

本书使用中国与美国对 23 个 OECD 国家[①]，124 种高科技制造品零部件，2000—2011 年的进、出口数据（ex、im）组成的三维（国家、产品、时间）面板数据集。该数据集涵盖了 4 位数字的国际标准产业分类（ISIC）中 7 类高科技制造品部门中的所有零部件产品。中国和美国分别对这 23 个国家高科技制造品零部件的出口额占各自对世界该出口额的约 31% 和 32%[②]，因此，取这 23 个 OECD 国家做样本国具有一定的代表性。出口和进口价格指数，中国的数据源于中国国家统计局，美国的数据源于

---

① 23 个 OECD 国家指澳大利亚、奥地利、比利时、加拿大、丹麦、爱沙尼亚、芬兰、法国、德国、希腊、爱尔兰、意大利、日本、荷兰、新西兰、挪威、波兰、葡萄牙、韩国、斯洛文尼亚、西班牙、瑞典、英国。

② 根据 UN comtrade 数据库整理计算得到。

美国劳工部经济分析局。中国与美国的高科技制造品零部件产业进、出口数据被各自进、出口价格指数平减，即可得到各自真实进、出口额。真实 GDP（gdp）与真实人均 GDP（$pgdp$）采用以 2000 年为基年的不变价格计算得到，数据源于世界银行 WDI 数据库。双边真实汇率（rer）源于 WDI 数据库，根据其间平均汇率及消费者价格指数计算所得。基础设施水平（jc）使用 WDI 数据库中的港口基础设施质量指标衡量。该指标为国际标准从 1—7，1 为极不发达，7 为发达且高效率，1—7 代表港口基础设施质量从低到高。制度质量（zd）源于世界银行 WGI 数据库，使用法律规则指标表示。地理距离（jl）、共同边界（bor）及共同语言（lag）源于 CEPII 数据库。[①] 劳动力单位成本（dwl），源于 OECD 数据库，使用总雇工补偿除以总增加值，再被消费者价格指数平减计算得到。

为更好地理解估计结果，表 3 – 11 给出了（3.32）式主要解释变量的相关系数矩阵。

表 3 –11　　　　　　　　　　相关系数矩阵

	lngdp	lnpgdp	lnjl	bor	lag	rta	lndwl	zd	jc	lnrer	yz
lngdp	1										
lnpgdp	0.54	1									
lnjl	-0.10	-0.12	1								
bor	0.15	0.10	-0.87	1							
lag	0.21	0.16	-0.55	0.46	1						
rta	0.21	0.02	-0.21	0.55	0.16	1					
lndwl	0.04	0.12	-0.03	-0.01	-0.05	-0.05	1				
zd	0.08	0.70	-0.13	0.15	0.15	0.04	0.10	1			
jc	0.15	0.48	-0.15	0.10	-0.05	0.02	0.12	0.63	1		
lnrer	0.33	0.13	0.18	-0.05	-0.17	0.39	0.01	-0.18	0.04	1	
yz	0.39	0.10	0.28	-0.07	-0.14	0.34	-0.05	-0.21	0.05	0.891	

---

① CEPII 数据库网址为：http://www.cepii.fr/anglaisgraph/bdd/distances.htm。

四　估计结果及分析

美国在 OECD 国家高科技制造品贸易中占有最重要的地位。因此，本书在实证分析中对美国与中国进行对比，以考察影响高科技制造品中间投入贸易的决定因素。

（一）中国与美国高科技制造品零部件贸易决定因素的估计结果

因为收入水平不同的国家，其生产分担的方式可能不同，比如，对高收入国家零部件的出口与对中低收入国家的出口相比，可能包括不同的技术含量与技术密集性。因此，根据人均 GDP，将 23 个 OECD 样本国分为高收入国家和中低收入国家，其中，高收入国家为丹麦、奥地利、加拿大、爱尔兰、荷兰、挪威、芬兰、意大利、法国、日本、英国、瑞典、澳大利亚、德国、比利时；中低收入国家为爱沙尼亚、波兰、韩国、斯洛文尼亚、希腊、新西兰、西班牙、葡萄牙。本书分别取全部 23 个 OECD 国家、高收入国家及中低收入国家的样本数据，考察中国及美国高科技制造品零部件进、出口贸易的决定因素。

中国与美国高科技制造品零部件贸易决定因素的估计结果分别如表 3-12 和表 3-13 所示。首先，对本书的计量模型使用豪斯曼检验，判断该面板数据适用于固定效应或随机效应模型。结果在所有三种情况下均显示在 5% 的显著性水平上无法拒绝使用随机效应模型的原假设。这是由于本书模型包括许多非时变变量，不适用固定效应模型，因此，未设定国家固定效应变量，本书希望距离（jl）变量的设定能够部分解决这一问题。其次，在贸易流（ex、im）和基础设施（jc）变量间可能存在双向因果关系，因为较高的贸易流可能导致促使代表贸易便利化的基础设施得到更好的改善（Djankov, Freund and Pham, 2006）。使用异方差稳健的 DWH 检验判断这种因果关系是否成立，结果显示，所有三个样本数据集均在 1% 的显著性水平上拒绝基础设施是外生变量的原假设。因此，本书使用系统 GMM 模型对（3.32）式进行估计。通过表 3-12、表 3-13 可以看出，使用系统 GMM 模型进行实证检验时，AR（1）、AR（2）检验结果表明，扰动项不存在自相关。Sargan 检验结果表明不存在过度识别问题。中美两国的回归结果中，在各种情况下，各解释变量基本显示了预期符号且表现出较高的显著性。

表 3 – 12   2000—2011 年中国高科技制造品零部件贸易的决定因素

	解释变量：lnex			被解释变量：lnim		
	（1）	（2）	（3）	（4）	（5）	（6）
	全部国家	高收入国家	中低收入国家	全部国家	高收入国家	中低收入国家
ln*gdp*	0.785 ***	1.121 ***	0.478 **	0.839 **	0.948 **	0.582 *
	(0.079)	(0.100)	(0.096)	(0.160)	(0.104)	(0.270)
ln*gdpp*	0.195	0.503 ***	0.327	0.032	0.425 *	- 0.657
	(0.200)	(0.281)	(0.246)	(0.228)	(0.415)	(0.582)
ln*dist*	- 0.862 **	- 0.942 ***	- 1.715 ***	- 1.359 ***	- 1.166 **	- 3.073 ***
	(0.312)	(0.151)	(0.541)	(0.466)	(0.411)	(0.762)
rta	0.237 *		0.318 *	0.331 *		0.824 **
	(0.057)		(0.329)	(0.310)		(0.355)
asia	1.512 **	2.321 ***	- 0.455	1.921 *	1.051 *	- 0.872
	(0.764)	(0.881)	(0.217)	(1.532)	(0.965)	(0.950)
ln*ulc*	- 0.117 ***	- 0.352 **	- 0.081 *	- 0.126 **	- 0.393 ***	0.092
	(0.048)	(0.035)	(0.029)	(0.164)	(0.170)	(0.099)
regul	0.024	0.699 **	1.191 ***	0.533 *	0.302	1.282 *
	(0.131)	(0.370)	(0.542)	(0.357)	(0.486)	(1.213)
infra	0.136 *	0.305	2.143 ***	0.473 *	0.173 *	3.635 ***
	(0.386)	(0.274)	(0.574)	(0.695)	(0.362)	(1.177)
ln*rer*	0.102	- 0.318 *	- 0.658 ***	0.492 **	0.424 *	0.983 ***
	(0.071)	(0.085)	(0.101)	(0.154)	(0.182)	(1.138)
const	4.564 **	- 11.240 **	8.091 **	- 7.393 ***	- 7.390 **	- 4.050 ***
	(3.336)	(5.345)	(2.550)	(8.390)	(5.460)	(10.111)
豪斯曼检验	388.23	113.57	128.55	195.72	12.30	106.51
prob > χ^2	0.000	0.000	0.000	0.000	0.000	0.000
DWH 检验	41.796	13.669	15.258	43.763	27.071	31.982
P 值	0.000	0.000	0.000	0.000	0.000	0.000
AR (1) 检验	- 4.536	- 3.278	- 4.127	- 3.29	- 3.771	- 2.737
Prob > z	0.000	0.000	0.000	0.000	0.000	0.006
AR (2) 检验	- 0.987	- 0.977	- 0.368	- 1.11	- 0.613	- 1.259

续表

	解释变量：lnex			被解释变量：lnim		
	(1)	(2)	(3)	(4)	(5)	(6)
	全部国家	高收入国家	中低收入国家	全部国家	高收入国家	中低收入国家
Prob > z	0.324	0.329	0.713	0.268	0.540	0.208
Sargan 检验	39.876	33.562	30.659	35.273	32.972	37.275
Prob > χ^2	0.087	0.098	0.128	0.093	0.106	0.089
观测值总数	2760	1800	960	2760	1800	960
观测组数	276	180	96	276	180	96

注：豪斯曼检验用于判断该面板数据适用固定效应或随机效应模型。DWH 检验为使用异方差稳健标准差情况下，判断是否存在内生解释变量。AR（1）、AR（2）检验用于检验 GMM 模型中扰动项是否存在自相关。Sargan 检验用于检验 GMM 模型中是否所有工具变量均有效。***、**、* 分别表示估计系数在 1%、5%、10% 显著性水平上有效。

解释变量估计系数下括号内为稳健的标准差。

表 3 - 13　　2000—2011 年美国高科技制造品零部件贸易的决定因素

	解释变量：lnex			被解释变量：lnim		
	(1)	(2)	(3)	(4)	(5)	(6)
	全部国家	高收入国家	中低收入国家	全部国家	高收入国家	中低收入国家
lngdp	0.757 ***	1.132 ***	0.391 **	0.797 ***	1.156 ***	0.418 *
	(0.105)	(0.151)	(0.175)	(0.142)	(0.155)	(0.218)
lngdpp	0.289 *	0.477 *	-0.243	-0.380	0.570 *	0.045
	(0.245)	(0.350)	(0.375)	(0.305)	(0.319)	(0.408)
lndist	0.344	-0.567	-0.401	-0.662 *	-0.725	-0.800
	(0.511)	(2.269)	(0.610)	(0.602)	(1.839)	(0.952)
bor	1.658 *	0.090		1.447 *	-0.227	
	(1.583)	(1.346)		(1.900)	(1.091)	
lag	0.799 *	1.225 ***	0.347	0.067	-0.125 **	0.148 *
	(0.330)	(0.482)	(0.589)	(0.392)	(0.436)	(0.713)
rta	0.139 ***	0.801 ***	0.146 *	0.287 *	1.179 ***	0.752 **
	(0.079)	(0.190)	(0.343)	(0.544)	(0.581)	(0.640)
asia	1.010 **	1.580 **		1.297 *	1.743 **	
	(0.647)	(0.532)		(0.818)	(0.978)	

续表

	解释变量：lnex			被解释变量：lnim		
	(1)	(2)	(3)	(4)	(5)	(6)
	全部国家	高收入国家	中低收入国家	全部国家	高收入国家	中低收入国家
lnulc	-0.112 ***	-0.335 **	-0.416 ***	-0.291 **	-0.523 **	-0.767 ***
	(0.036)	(0.017)	(0.046)	(0.041)	(0.043)	(0.107)
regul	0.230 *	0.410 *	0.635 ***	0.425 *	0.229	0.830 **
	(0.102)	(0.147)	(0.138)	(0.398)	(0.590)	(0.383)
infra	-0.012	0.31	1.374 ***	0.28 *	0.018	2.101 **
	(0.044)	(0.049)	(0.081)	(0.047)	(0.067)	(0.100)
lnrer	-0.089	-0.729 **	-0.266 *	0.092 **	0.631 *	0.342 **
	(0.073)	(0.789)	(0.139)	(0.091)	(0.820)	(0.200)
const	5.903	12.411 ***	-11.756 *	7.663	-3.628	-12.068
	(5.438)	(8.650)	(6.398)	(6.280)	(2.418)	(9.906)
豪斯曼检验	12.52	9.35	10.25	12.71	11.18	12.03
prob > χ^2	0.083	0.096	0.175	0.082	0.126	0.088
DWH 检验	23.763	28.093	32.562	21.863	6.731	10.673
P 值	0.000	0.000	0.000	0.000	0.010	0.003
AR(1)检验	-3.180	-3.658	-2.933	-4.310	-3.334	-4.400
Prob > z	0.000	0.000	0.001	0.000	0.000	(0.000)
AR(2)检验	-1.171	-0.765	-1.203	-0.769	-1.280	-0.992
Prob > z	0.226	0.517	0.209	0.442	0.180	(0.321)
Sargan 检验	36.673	33.537	37.873	35.261	36.528	35.632
Prob > χ^2	0.091	0.101	0.086	0.098	0.093	0.092
观测值总数	2760	1800	960	2760	1800	960
观测组数	276	180	96	276	180	96

注：豪斯曼检验用于判断该面板数据适用固定效应或随机效应模型。DWH 检验为使用异方差稳健标准差的情况下，判断是否存在内生解释变量。AR（1）、AR（2）检验用于检验系统 GMM 模型中扰动项是否存在自相关。Sargan 检验用于检验系统 GMM 模型中是否所有工具变量均有效。 *** 、** 、* 分别表示估计系数在 1%、5%、10% 显著性水平上有效。

解释变量估计系数下括号内为稳健的标准差。

（二）结果分析

在中美两国回归结果中，GDP 与人均 GDP 在所有三种情况下均显示了预期的正号。GDP 在全部三个样本中均表现出较强的显著性。人均 GDP 除对高收入国家显著外，其余大都不显著。这是由于人均收入水平高的国家科技水平、综合国力一般也较强，对高科技产品的生产与需求较大。两国与样本国的贸易协定（rta）及亚洲（yz）虚拟变量的回归结果均显示了预期的正值，且显著性较强。表明贸易协定与区位成本优势对两国高科技制造品零部件贸易起到了显著促进作用。法律环境对中国和美国的高科技制造品零部件贸易而言是非常重要的影响因素，当大量出口技术密集的高科技制造品零部件时，尤其是在对中低收入样本国家的贸易中，法律制度变量（zd）均显示了预期的正号，且非常显著。同样，贸易基础设施变量（jc）的回归结果显示，样本国有利于贸易便利化的基础设施对中美两国高科技制造品零部件贸易影响显著，在对中低收入国家的贸易中影响最明显。如表 3 - 12 和表 3 - 13 的（3）和（6）所示，港口基础设施质量指标提高 1%，样本国的零部件贸易提高 1%—3%。真实汇率变量 rer 在所有三种情况下大都显示了预期的符号，且较显著。表明真实汇率升值阻碍高科技制造品零部件贸易增长，贬值促进该贸易增长。

中美回归之间最显著的差别是距离变量（jl）的贸易弹性估计值。对中国而言，该变量有预期的负号且较显著（见表 3 - 12），而在美国的回归中，仅有较弱的显著性。美国的回归结果可能是由于其他变量有较强的影响，比如有共同边界和共同语言（bor 和 lag）（见表 3 - 11）。这表明，中国由于运输成本优势，往往从距离较近的亚洲国家（日本、韩国）进、出口高科技制造品零部件。特别是中国进口公式中该变量的估计系数大于出口公式中的值。例如，在表 3 - 12 进口回归（6）中，距离变量的估计弹性约为 3.1%，而在相应的出口回归（3）中约为 1.7%。一般而言，地理距离也和其他信息成本变量，如与质量保证相关的监管和通信相关联。由于与质量监管和标准实施相关的交易与监管成本优势，中国企业首选地理距离较近的亚洲国家进口高科技零部件。这也与 Sturgeon（2003）的分析相符合。在美国的回归结果中未发现相似现象。

表 3 - 12 与表 3 - 13 中，劳动力单位成本变量（dwl）均显示了预期的负号。但中美两国回归结果差异较大。中国的回归结果显示，对高收入国家高科技制造品零部件贸易中，dwl 变量估计系数最大且最显著；而美国的

回归结果表明，对中低收入国家的贸易中，该变量系数最大且最显著。这是因为，中国与 OECD 高收入国家人均收入相差较大，科技与生产率水平有相当差距。一方面，高收入国家劳动力成本越高，表明其熟练技术工人或技能劳动比例越大，其高科技制造品零部件技术含量越高，国外的零部件技术上越不具有竞争力，对国外制造品零部件的需求越小；另一方面，作为高科技制造品零部件总成本一部分的劳动力成本越高，该零部件价格越高，则国外对其需求越小。中国与中低收入样本国的人均收入相差相对较小，根据需求相似理论（Staffan B. Linder，1961），对中低收入样本国贸易中，*dwl* 变量的负向作用就会相对减弱。同理，美国与 OECD 中低收入样本国人均收入相差较大，因此，其 *dwl* 变量的估计系数最大且最显著。

第六节　小结

中国高科技制造品贸易在中国对外贸易中越来越起着举足轻重的作用，研究中国高科技制造品贸易增加值含量及其决定因素，从而找到有利于其贸易发展的客观规律及理论依据具有重要的实践意义和理论价值。同时，当今，中间产品贸易在整个国际贸易中具有份额巨大而且日益增长的特征，且在量化跨境生产联系，回答国际贸易及国际宏观经济学的一系列实证问题上起着关键作用。这就需要超越特定事例、国家或地区的研究范围，开发一个完备、全球或区域的生产分担模型。本书利用中国与 OECD 十个主要的贸易伙伴国做样本，构建了制造品与高科技制造品区域生产分担模型。利用各国投入产出数据及双边贸易数据，分别计算了相应的双边投入产出表，测算了双边增加值贸易，得到各国双边增加值比例。在此基础上，首先，对各国双边总贸易和双边增加值贸易进行比较，发现各样本国制造品及高科技制造品总贸易均高估了增加值贸易。而且，使用增加值余额与总贸易余额相比，在制造品方面，韩国双边贸易逆差减少，日本双边贸易顺差增加，二者之和约等于其余样本国双边贸易顺差减少之和。在高科技制造品方面，韩国和日本双边贸易逆差减少之和，也近似与其余样本国双边贸易顺差减少之和相等。其次，本书对中国高科技制造品中间投入的经济效益展开分析，发现该中间投入的经济效益呈递减趋势，且各类产品的趋势有较大差异。进一步，对中国高科技制造品出口增长质量进行了分析，发现各类产品出口增长质量存在较大差异。最后，通过分别对样本国制造品与高科技制造品双边总出口增加值比例的方差及双边总出口进行分解与测算，分析引起样本国双边总贸易增加值比率产生差异的原因。发现生产分担而非对各目的国出口组成的差异，是各国制造品与高科技制造品双边贸易总增加值含量产生差异的主要原因。各国制造品与高科技制造品普遍存在生产分担现象，而且，中国凸显出在亚洲生产分担中的枢纽地位。

中间产品贸易的增长反映了跨国生产链中各国较强的生产分担关系。因此，分析生产分担关系的决定因素，实质上也是探寻影响高科技制造品中间投入贸易的主要因素。本书通过一个修正的引力模型，使用2000—2011年中国与美国对23个OECD国家高科技制造品零部件贸易的数据，对高科技制造品中间投入贸易的决定因素进行分析与比较。因为收入水平不同的国家，其生产分担的方式可能也不同，因此将23个OECD样本国分为高收入与中低收入国家。使用全部、高收入及中低收入国家三组样本数据进行实证分析。发现，GDP、人均GDP、两国与样本国的贸易协定（rta）、亚洲（yz）虚拟变量、法律规则变量（zd）及贸易基础设施变量（jc）在所有三种情况下均显著正向地促进了两国对样本国高科技制造品零部件贸易。真实汇率变量（rer）贬值促进了中美两国对样本国的出口贸易，升值则有利于进口贸易，阻碍出口贸易。中美两国与样本国距离变量（jl）对高科技制造品零部件贸易的作用差异较大。对中国而言，该变量对贸易表现了显著的负面影响，中国由于运输成本优势，往往从距离较近的亚洲国家（日本、韩国）进、出口高科技制造品零部件。特别是中国企业首选地理距离较近的亚洲国家进口高科技制造品零部件。而对美国来说，这种负面影响则不显著。单位劳动力成本变量（dwl）对两国的贸易起到了负面作用，但中美两国有明显不同。中国在对高收入国家的贸易中，该变量负向作用最大且最显著，而美国则是在对中低收入国家的贸易中，该变量负向作用最大且最显著。

第四章 中国高科技制造品出口
影响因素分析
——汇率对出口价格传递程度视角

作为全球生产网络中一环的中国高科技制造品贸易，不可避免地受到外部环境的冲击，尤其是直接经受国际金融市场的影响。目前，世界上大多数经济体实行浮动汇率制度，汇率变动对中国高科技制造品贸易影响的程度，尤其是汇率调整对中国高科技制造品出口价格的传递情况是中国制定高科技制造品贸易政策和发展战略的重要理论依据。

由克鲁格曼（1987）发起，并由贝茨和德弗鲁克斯（Betts and Devereux，1996）在开放的宏观经济学中推广普及的有关市场定价的文献，开启了一个强调不完全传递重要性研究的新领域。目前，许多文献较完善地论证了进口价格对汇率变动所表现出的较弱的响应，这与货币冲击对消费者价格存在完全传递的标准看法相矛盾。

大量有关的实证文献使用宏观数据估计汇率传递（Exchange Rate Pass – Through，ERPT）系数。这些文献表明汇率传递在短期内不完全，该短期 ERPT 系数约 0.5 或 0.6，意味着出口国货币升值 10%，会使以进口国货币度量的外币价格上升 5% 或 6%。尽管不同国家存在差异，但长期内，传递系数会变大并趋近于 1。

使用总价格指数会有忽略不同产品间存在 ERPT 异质性的缺点。这种疏忽意味着可能没有恰当识别宏观和特定产业变量对传递的相对影响。Mumtaz 等（2006）认为，忽略部门的差别可能产生估计偏差，尤其是在动态回归估计的情况下。以上观点引发了对基于产品层面的汇率传递的调查。然而，在部门层面延伸到时间序列分析的已有研究中，要么受制于有限的时间跨度，要么部门分散度较低，致使很难得到研究结果。

因此，本书在产品层面对汇率的不完全传递展开分析。首先，建立了异质企业的理论模型，将汇率传递的价格效应分为扩展边际与集约边际；

然后，分析在局部均衡条件下汇率传递的机制。

一方面，如前所述，中国改革开放以来，高科技制造品出口在整个中国经济中起着重要作用。另一方面，自2005年中国实施建立健全以市场供求为基础的、有管理的浮动汇率制度以来，人民币总体上经历了持续升值，给中国外贸出口带来很大的不利因素。因此，研究汇率变动对中国高科技制造品出口价格的传递程度，即阐明了国际金融领域中汇率这一主要外部因素对中国高科技制造品出口的影响，具有重要的理论与现实意义。

第一节　模型设定

一　理论模型

借鉴查尼（2008）、Ghironi和Melitz（2005），本书使用一个异质企业的国际贸易模型，分析局部均衡状态下汇率冲击的影响。该模型为一个两国模型，异质企业面临固定的生产与出口成本。模型的主要目的是解释和阐述本书实证部分研究的理论机制。

本书假定进入国内市场无成本，潜在进入者的数量固定。这里汇率定义为 $\delta_{ij} = \dfrac{p_i}{p_j}$，即每单位 j 国货币等于 i 国货币单位数。

（一）消费者

假定经济中有连续的产品种类，代表性消费者的偏好用不变替代弹性效用函数给定：

$$W_i = \left[\int_{\theta \in W} w_i(\theta)^v d(\theta) \right]^{\frac{1}{v}} \qquad (4.1)$$

这里 $0 < v < 1$，且两种产品间的替代弹性给定，为 $\mu = \dfrac{1}{1-v} > 1$。相应的总价格指数给定为：

$$P_i = \left[\int_{\theta \in W} p_i(\theta)^{(1-\mu)} d(\theta) \right]^{\frac{1}{1-\mu}} \qquad (4.2)$$

a 国消费者对每种产品的需求给定为：

$$w_i(\theta) = \left(\frac{p_i(\theta)}{P_i} \right)^{-\mu} W_i \qquad (4.3)$$

（二）企业

每个国家有固定数量的潜在市场进入者，且无进入成本。当企业产品销往国外时，需支付冰山运输成本，因此，一个 j 国企业为使一单位的产品到达目的地 i 国需支付 η_{ji} 单位的产品。另外，企业还需支付进入国外市场的、以 j 国货币计价的固定成本 G_{ji}。

劳动力是唯一的生产要素。在做出生产和出口决策之前，企业选择其生产率 ξ，该生产率分布为 $M(\xi)$，即每单位劳动力生产 ξ 单位的产品。本书假定 $M(\xi)$ 为帕累托分布，其参数为 τ，被定义在 $[1, \infty]$ 内，且假定 $\tau > \mu$。

1. 企业利润

某 j 国企业将其产品销往 i 国，其利润函数为：

$$L_{ji} = L_{ji}^b(\xi) - G_{ji} \tag{4.4}$$

边际成本函数 $[e_{ji}(\xi)]$ 包括工资（z_j）、冰山运输成本（s_{ji}）及生产率（ξ），给定为：

$$e_{ji}(\xi) = \left(\frac{z_j s_{ji}}{\xi}\right) \tag{4.5}$$

因此，可变利润给定为：

$$L_{ji}^b(\xi) = [p_{ji}(\xi) - e_{ji}(\xi)]w_i(\theta) \tag{4.6}$$

企业最大化利润，得到产品销往 i 国的最优价格为：

$$p_j(\xi) = \left(\frac{\mu}{\mu - 1}\right)\left(\frac{z_j s_{ji}}{\xi}\right) \tag{4.7}$$

根据价格，替换上文给定的需求函数，代入并重写可变利润 π_{ba}^v（φ），得到：

$$L_{ji}^b(\xi) = \left\{\frac{1}{\mu}[p_j(\xi)]^{1-\mu}\delta_{ji}^{-\mu}P_i^{\mu-1}X_i\right\} \tag{4.8}$$

这里 X_i 为名义总收入，给定为 $X_i = P_i E_i$。

2. 企业生产率

在选择了生产率 ξ 之后，需要决定是否生产并出口。企业出口生产率至少等于 $\bar{\xi}_{ji}$，而且这是使企业抵消固定成本 G_{ji} 的最低生产率水平。因此，零利润条件决定了企业出口的截至（门槛）生产率（$\bar{\xi}_{ji}$）由下式给定：

$$L_{ji}(\bar{\xi}_{ji}) = 0 \tag{4.9}$$

将（4.4）式、（4.8）式与（4.9）式联立，解得：

$$\overline{\xi}_{ji} = \alpha \left(\frac{X_i}{G_{ji}} \right)^{\frac{1}{1-\mu}} \left(\frac{\delta_{ji}^{\frac{\mu}{\mu-1}}}{P_i} \right) z_j s_{ji} \tag{4.10}$$

这里 α 为常数。

模型中对出口企业生产率有两个冲击：s 和 δ，它们影响门槛生产率 $\overline{\xi}_{ji}$ 的方式不同，冰山运输成本 s 对门槛生产率的影响程度为 1，而名义汇率 δ 的影响程度为 $\frac{\mu}{\mu-1}$。

将（4.2）式变形，得到 i 国总价格指数为：

$$P_i = \left[\sum_{j=1}^{2} \psi_j N_j \int_{\overline{\xi}_{ji}}^{+\infty} \left[\delta_{ji} p_j(\xi) \right]^{1-\mu} dM(\xi) \right]^{\frac{1}{1-\mu}} \tag{4.11}$$

这里 $\psi_j N_j$ 衡量潜在的进入者群，为外生变量。

将（4.7）式代入（4.11）式，整理得：

$$P_i^{-\tau} = \beta X^{\left(\frac{\mu-\tau-1}{1-\mu} \right)} \left[\sum_{j=1}^{2} \psi_j N_j (z_j s_{ji})^{-\tau} \delta_{ji}^{1-\left(\frac{\tau\mu}{\mu-1} \right)} G_{ji}^{\left(\frac{\mu-\tau-1}{\mu-1} \right)\left(\frac{\mu-\tau-1}{\mu-1} \right)} \right] \tag{4.12}$$

这里 β 是常数。

二　理论分析

（一）汇率冲击对出口国价格指数的影响

将（4.11）式变形为：

$$P_i = \left[\sum_{j=1}^{2} \psi_j N_j \int_{\overline{\xi}_{ji}}^{+\infty} \left(\frac{p_j(\xi)}{\delta_{ij}} \right)^{1-\mu} dM(\xi) \right]^{\frac{1}{1-\mu}} \tag{4.13}$$

将（4.7）式代入（4.13）式，然后求总价格水平（P_i）对汇率（δ_{ij}）的弹性，整理得：

$$\frac{\partial P_i}{\partial \delta_{ij}} \frac{\delta_{ij}}{P_i} = \frac{1}{\tau} \left(\frac{\mu\tau}{\mu-1} - 1 \right) k \tag{4.14}$$

这里 $0 < k < 1$。

因为已知 $\tau > \mu$，故：

$$\frac{\partial P_i}{\partial \delta_{ij}} \frac{\delta_{ij}}{P_i} > 0 \tag{4.15}$$

（二）汇率冲击对出口国生产率的影响

根据（4.10）式，求门槛生产率 $\overline{\xi}_{ji}$ 对汇率的弹性，整理得：

$$\frac{\partial \overline{\xi}_{ji}}{\partial \delta_{ij}} \frac{\delta_{ij}}{\overline{\xi}_{ji}} = \frac{\mu}{\mu-1} - \frac{\partial P_i}{\partial \delta_{ij}} \frac{\delta_{ij}}{P_i} \tag{4.16}$$

由 (4.14) 式, 已知 $k < 1$, 故 $\dfrac{\partial P_i}{\partial \delta_{ij}} \dfrac{\delta_{ij}}{P_i} < \dfrac{\mu}{\mu - 1}$, 推得: $\dfrac{\partial \bar{\xi}_{ji}}{\partial \delta_{ij}} \dfrac{\delta_{ij}}{\xi_{ji}} > 0$, 因此,

$$\frac{\partial \bar{\xi}_{ji}}{\partial \delta_{ij}} > 0 \tag{4.17}$$

（三）汇率变动对平均价格水平调整的扩展和集约边际的影响

1. 平均价格

本书考虑世界上只有 i、j 两个国家的情况。参照 Ghironi 和 Melitz (2005), 定义平均进口价格 $\hat{P}_i$ 为:

$$\hat{P}_i = \left\{ \int_{\bar{\xi}_{ji}}^{+\infty} \left[\delta_{ij} p_j(\xi) \right]^{1-\mu} \frac{m(\xi)}{1 - M(\bar{\xi}_{ji})} d\xi \right\}^{\frac{1}{1-\mu}} \tag{4.18}$$

2. 扩展和集约边际

根据 (4.18) 式, 求平均价格对汇率的弹性, 整理得:

$$\frac{d\hat{P}_i}{d\delta_{ij}} \frac{\delta_{ij}}{\hat{P}_i} = 1 - \left(\frac{\partial \bar{\xi}_{ji}}{\partial \delta_{ij}} \frac{\delta_{ij}}{\bar{\xi}_{ji}} \right) \tag{4.19}$$

上式第一项为 1, 代表集约边际效应, 即在企业层面存在完全的传递。第二项对应扩展边际效应。平均价格的扩展边际表示, 随汇率贬值, 进入市场的是生产率水平较低的企业, 他们制定较高的价格。因此, 集约和扩展边际对平均价格有相反作用。

从 $\partial \bar{\varphi}_{ba}$ 对汇率的弹性中, 本书得出:

$$\frac{d\hat{P}_i}{d\delta_{ij}} \frac{\delta_{ij}}{\hat{P}_i} = 1 - \left[(1 - k) \left(\frac{\mu}{\mu - 1} \right) + \frac{k}{\tau} \right] \tag{4.20}$$

故, 推出:

$$\frac{d\hat{P}_i}{d\delta_{ij}} \frac{\delta_{ij}}{\hat{P}_i} < 1 \tag{4.21}$$

即平均价格对汇率的弹性小于 1。

从以上理论分析可知, 平均价格的变动小于汇率的变动。表明存在汇率的不完全传递。这是因为平均价格的变动后面有两种相反的力量在起作用。首先, 汇率 ε 下降, 使原有出口企业的价格下降, 而且汇率变动后下降的价格将会持续下去。然而, 汇率变动后出口企业的组成发生了变化。由于对目的国的消费者而言, 价格变得更加便宜, 对出口国的产品需求将

会增大，因此一些企业开始出口。新进入市场的企业是生产率最低的企业（或是生产较低质量产品的企业），在本模型中也是制定更高价格的企业。而留在市场上的原出口企业生产率较高，其定价较低。因此，出口企业组成的变化往往使平均价格升高，因此，平均价格向哪一边移动，依赖哪一方的力量更显著。

因此，本书得出以下结论：平均价格的汇率弹性总是小于1，即总的汇率传递是不完全的。

第二节　汇率对中国高科技制造品出口价格不完全传递的经验分析

一　实证模型设定

从以上的理论模型中，本书发现，汇率变动通过两个层面对进口国消费者面临的总价格产生影响。在汇率贬值的情况下，一方面，集约边际推动价格下降。这是由于垄断竞争和不变加成，生产者价格不受影响，因此导致进口国消费者价格下降。另一方面，新进入的出口企业由于生产率较低，比原有的出口企业制定的价格高，会推动消费者总价格上升。因此消费者总价格的变化依赖以上两方面作用的效果。最终，导致了汇率对消费者价格的不完全传递。

中国制造业出口产品技术含量远高于自身自然禀赋条件下的情况，其出口商品篮子的技术含量与人均收入水平三倍于中国的国家相当（Rodrik，2006），有力地保证了中国经济的持续高速增长及产业结构的升级。因此，研究汇率调整对中国高科技制造品出口价格的影响有着重要的理论与实践意义。法国、德国、日本、英国及美国是中国高科技制造品的主要进口国之一。这五个国家2004—2010年从中国的高科技制造品进口情况如表4-1所示。样本期间，它们从中国高技术制造品进口额合计占世界从中国该总进口额的比重平均为33.2%。因此，研究这五个国家的汇率对从中国进口的高科技制造品价格的不完全传递具有典型意义。

本书将以2004—2010年，法国、德国、日本、英国、美国对中国高科技制造品的进口面板数据为样本，从实证方面考察汇率对进口国消费者价格的影响，从而验证本书理论模型所得出的汇率不完全传递的观点。

表 4 - 1　　　　　2004—2010 年法国、德国、日本、英国和美国
从中国进口的高科技制造品占比　　　　　单位:%

样本国从中国进口的高科技制造品价值占世界各国从中国进口的高科技制造品总额的比重

年份	法国	德国	日本	英国	美国	合计
2004	2.05	4.51	7.58	1.71	20.1	36.0
2005	1.81	4.61	7.57	1.45	19.0	34.4
2006	1.71	4.81	6.41	1.44	18.3	32.6
2007	2.22	5.13	5.57	1.73	19.5	34.1
2008	2.26	4.93	5.46	1.61	17.6	31.9
2009	2.23	4.63	5.17	1.72	18.0	31.7
2010	1.98	4.89	5.66	1.63	17.4	31.6

注: 中国高科技制造品分类按照 OECD 数据库的分类方法, 详见表 2 - 7。

资料来源: 根据 OECD 数据库计算整理。

　　本书中进口商品价格用单位价值表示, 即进口商品价值除以进口商品数量。一般情况下, 由于贸易数据的可得性, 国际贸易文献中通常使用贸易商品的单位价值表示商品价格。

　　根据以上理论推导, 本书建立以下实证模型:

$$\ln(p_{jt}) = \alpha_1 \ln(hl_{jt}) + \alpha_2 \ln(gdp_t) + \alpha_3 \ln(szi_t) + \delta_j + v_{jt} \qquad (4.22)$$

　　这里, p_{jt} 为 HS 国际贸易商品分类体系下 6 位数字的高科技制造品进口价格, 以进口国货币表示。hl_{jt} 为双边名义汇率, 本书指每单位外币对应的人民币数量。中国人民币贬值意味着汇率 hl_{jt} 增加。因此, $\alpha_1 = -1$ 代表汇率完全传递, $\alpha_1 = 0$ 代表完全不传递。gdp_t 为进口国国内生产总值, 该变量用来控制需求冲击。szi_t 为中国生产者价格指数, 用来控制成本冲击。以上所有变量均取对数。δ_j 表示产品固定效应, 用来控制不同商品单位价值的差异及不随时间变化的产品特点。v_{jt} 表示包括遗漏解释变量在内的误差项。

二　数据说明

　　本书按照联合国国际商品贸易统计方法中的对应转换表, 将 OECD 数据库中按 ISIC 分类的七类高科技制造品转换成 HS 国际贸易商品分类体系下的 6 位数字的产品。然后, 使用 2004—2010 年法国、德国、日本、英国、美国从中国进口、HS 制度下 6 位数字的高科技制造品进口数据, 该

进口数据来自联合国 UN comtrade 数据库。根据该高科技制造品进口数据，计算整理得出各国历年对中国的高科技制造品进口价格 p_{jt}。各国进口数据经过以 2005 年为基期的进口平减指数平减，各国的进口平减指数来自南开大学图书馆 BvD 数据库。双边名义汇率来自联合国贸发会议 UNCATDSTAT 数据库。各进口国历年 gdp_t 来自世界银行 WDI 数据库，使用各进口国不变货币表示。中国历年生产者价格指数 szi_t 来自南开大学图书馆 BvD 数据库，以 2005 年为基期。

三　估计结果

（一）全样本估计结果

首先，不区分国家，本书使用上述五国全部进口高科技制造品价格数据，考察汇率对所有进口高科技制造品价格的不完全传递情况。估计结果见表 4 - 2。

表 4 - 2　　汇率对全样本高科技制造品进口价格的不完全传递

被解释变量：高科技产品进口价格 $\ln(p_{jt})$					
面板固定效应模型			系统 GMM 模型		
(1)	(2)	(3)	(4)	(5)	(6)
$\ln(hl_{jt})$ −0.912 ***	−0.889 ***	−0.845 ***	−0.907 ***	−0.899 ***	−0.835 ***
(0.100)	(0.075)	(0.076)	(0.103)	(0.128)	(0.137)
$\ln(gdp_t)$	0.199 ***	0.263 ***		0.173 *	0.205 *
	(0.067)	(0.068)		(0.150)	(0.156)
$\ln(szi_t)$		0.578 ***			0.262 *
		(0.172)			(0.238)
_ cons　5.766 ***	3.738 ***	3.883 ***	4.856 ***	3.148 **	2.562 *
(0.076)	(0.688)	(0.152)	(0.416)	(1.562)	(1.970)
随机效应检验　23.32	27.08	17.67			
Prob > χ^2　(0.000)	(0.000)	(0.000)			
时间固定效应　是	是	是			
观测值总个数　4431	4431	4431	3798	3798	3798
观测值组数　633	633	633	633	633	633
DWH 检验　1.950	0.094	0.145			
P 值　(0.163)	(0.759)	(0.703)			
AR(1)检验			−5.239	−5.488	−5.421

被解释变量：高科技产品进口价格 $\ln (p_{jt})$					
面板固定效应模型			系统 GMM 模型		
(1)	(2)	(3)	(4)	(5)	(6)
Prob > z			(0.000)	(0.000)	(0.000)
AR(2)			0.318	0.375	0.337
Prob > z			(0.750)	(0.708)	(0.736)
Sargan 检验			13.625	14.443	14.804
Prob > χ^2			(0.123)	(0.107)	(0.097)
R^2	0.6311	0.6432	0.6289		
Wald			149.73	181.91	181.50
Prob > χ^2			(0.000)	(0.000)	(0.000)

注：括号内数值为聚类稳健的标准差；固定效应随机效应检验使用聚类稳健标准差；AR (1)、AR (2) 检验用于验证扰动项无自相关；Sargan 检验用于验证所有工具变量均有效；*、 **、*** 分别代表参数估计值在10%、5%、1%水平下显著。

本书分别使用面板固定效应模型与系统 GMM 模型对（4.22）式进行回归检验。

1. 面板固定效应模型的检验结果

如表 4-2 中的模型（1）至模型（3）列所示，汇率系数的估计值为 -0.845，表明汇率对高科技制造品产品价格存在不完全传递。加入进口国 GDP 变量与中国生产者价格指数 *szi* 变量，该系数估计值基本未变，且均在 1% 水平下显著，验证了模型的稳健性。该参数估计值接近 -1，表明汇率对高科技制造品进口价格的传递率相当高，接近完全传递。说明调整的集约边际起主要作用。这是因为在本书理论部分假定生产者处于垄断竞争的生产环境中，由厂商的利润最大化条件可知：

$$p_j = \frac{mc}{\left(1 - \dfrac{1}{|\varepsilon|}\right)} \tag{4.23}$$

上式中，边际成本 *mc* 和商品 *j* 需求的价格弹性 *ε* 均不变，成本加成 $(1 - 1/|\varepsilon|)$ 不变，因此商品 *j* 的生产者价格不变。在汇率贬值（升值）的情况下，进口国消费者面临的商品 *j* 的进口价格会按相同比例下降（上升），即存在汇率的完全传递。另外，对出口国企业而言，汇率贬值（升

值），在其他条件不变的情况下，会带来更多利润（亏损），因此有更多（少）企业出口。如理论部分（4.18）式所示，由于$\frac{\partial \overline{\xi}_{ji}}{\partial \delta_{ij}} > 0$，汇率$\delta_{ij}$下降（相当于$j$国货币贬值），则出口门槛生产率$\overline{\xi}_{ji}$也会下降；反之，汇率$\delta_{ij}$上升（相当于$j$国货币升值），则出口门槛生产率$\overline{\xi}_{ji}$也会上升。由于调整的扩展边际，新进入出口市场的低生产率企业成本较高，会对商品制定较高定价，在汇率贬值的情况下，会使消费者价格下降幅度减少，从而导致汇率的不完全传递。在汇率升值的情况下，由于新进入出口市场的企业减少，而且新进入企业生产率较高，因此会导致汇率的不完全传递程度降低，而趋近于完全传递。

2005年7月21日的人民币汇率形成机制改革，标志着人民币走上了汇率形成机制更加市场化、汇率水平长期升值的道路。2004—2010年，人民币兑欧元、日元、英镑及美元汇率的趋势如图4-1所示。人民币兑各样本国汇率分别表示为每单位欧元、日元、英镑及美元相应的人民币数量。从图4-1可看出，样本期内，人民币兑欧元、日元、英镑及美元的汇率总体上呈升值的趋势。

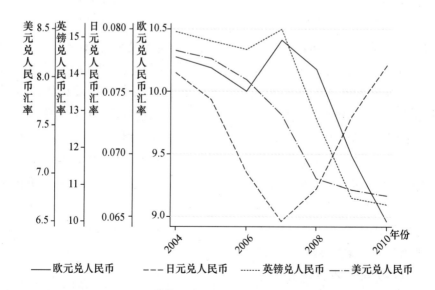

图4-1　2004—2010年世界各国主要货币兑人民币汇率变化趋势

资料来源：各国汇率数据来自联合国贸发会议UNCTADSTAT数据库。

因此，人民币持续升值导致调整的广泛边际所带来的汇率的不完全传递效应减弱，集约边际带来的汇率的完全传递效应占主导地位，这两种效应的综合作用造成了本书实证检验中汇率对高科技制造品进口价格很高程度的传递。

进口国 $\ln(gdp_t)$ 系数的估计值为 0.263，说明进口国 gdp_t 增长 1%，来自中国的高科技制造品的进口价格会增长 0.263%，表明进口国国内需求对高科技制造品进口价格存在正向效应。$\ln(szi_t)$ 系数的估计值为 0.578，即中国生产者价格指数 szi_t 增长 1%，进口国高科技制造品价格将增长 0.578%，表明成本因素对高科技制造品价格的正向制约作用。以上两个变量均在 1% 水平下显著。

DWH 检验结果显示，模型（1）至模型（3）无内生变量。本书在使用聚类稳健标准差的情况下，检验模型适用固定效应抑或随机效应模型，实证结果表明均为固定效应模型。

2. 系统 GMM 模型的实证结果

如表 4-2 的（4）—（6）列所示，汇率 $\ln(hl_t)$ 系数估计值为 -0.835，表明汇率贬值（升值）1%，高科技制造品的进口价格将下降（上升）0.835%。与上述面板固定效应模型的估计结果相似，表现出很高程度的传递。加入进口国 gdp_t 与中国生产者指数 szi_t 两个控制变量，该系数基本未变，且均在 1% 水平下显著，表明了模型的稳健性。进口国 $\ln(gdp_t)$ 系数的估计值为 0.205，表明高科技制造品进口价格对进口国 gdp 的弹性为 0.205。中国生产者价格指数 $\ln(szi_t)$ 的系数估计值为 0.262，表明中国生产者价格指数 szi_t 增长 1%，进口国消费者面临的高科技制造品进口价将增加 0.262%。与面板固定效应相似，进口国 gdp 与中国生产者价格指数 ppi 均与高科技制造品进口价格正相关。$AR(1)$、$AR(2)$ 检验结果表明，模型（4）至模型（6）扰动项的差分存在一阶自相关，但不存在二阶自相关，故接受扰动项无自相关的原假设。Sargan 检验的结果表明，模型（4）至模型（6）在 5% 的显著性水平上，无法拒绝"所有工具变量均有效"的原假设。

（二）分样本估计结果

从图 4-1 可以看出，欧元及英镑兑人民币汇率 2004—2006 年先是持续贬值，然后，2006—2007 年经历了短暂升值，2007—2010 年又重返持续贬值的趋势。日元兑人民币汇率 2004—2007 年持续贬值，2007—2010

年则变为持续升值。美元兑人民币汇率在样本期内基本呈持续贬值的趋势。故本书判断 2006 年与 2007 年为欧元及英镑兑人民币汇率的结构突变点，2007 年为日元兑人民币汇率的结构突变点。而且考虑到各国高科技制造品进口的具体情况存在差异，因此本书分别使用法国、德国、日本、英国及美国的进口数据，结合各国汇率可能存在的结构突变情况，使用系统 GMM 模型就（4.22）式分别对各个样本国进行回归检验。结果如表 4-3 所示。

表 4-3　　　　2004—2010 年各样本国汇率对高科技制造品进口
价格的不完全传递

被解释变量：高科技制造品进口价格 $\ln(p_{jt})$					
	法国	德国	日本	英国	美国
$\ln(hl_t)$	-0.494***	-0.456***	-0.417***	-0.457***	-0.922***
	(0.586)	(0.473)	(0.528)	(0.386)	(0.806)
$d1\ln(hl_t)$	0.090***	0.029**		0.013	
	(0.038)	(0.022)		(0.033)	
$d2\ln(hl_t)$	-0.027**	-0.029**	0.018**	-0.004**	
	(0.029)	(0.022)	(0.027)	(0.026)	
$\ln(gdp_t)$	0.668*	0.360	0.269*	-0.091	0.670**
	(0.772)	(1.320)	(0.704)	(1.428)	(0.823)
$\ln(szi_t)$	0.161**	0.044*	0.155*	0.083*	0.109*
	(0.769)	(1.090)	(0.814)	(0.929)	(0.938)
_cons	17.581*	6.560**	-8.140*	12.148*	-21.616**
	(1.338)	(0.538)	(1.287)	(0.157)	(0.553)
观测值总个数	738	948	714	870	528
观测值组数	123	158	119	145	88
AR(1) 检验	-3.414	-2.555	-2.603	-3.754	-2.001
Prob > z	(0.000)	(0.011)	(0.009)	(0.000)	(0.045)
AR(2) 检验	0.091	-0.090	0.529	-0.012	-0.051
Prob > z	(0.928)	(0.928)	(0.597)	(0.991)	(0.960)
Sargan 检验	24.916	14.852	28.861	21.012	15.113
Prob > χ^2	(0.163)	(0.095)	(0.068)	(0.336)	(0.085)
Wald	315.95	15.23	16.13	170.29	127.99
Prob > χ^2	(0.000)	(0.004)	(0.007)	(0.000)	(0.000)

注：括号内数值为稳健标准差；AR(1)、AR(2)检验用于验证扰动项无自相关；Sargan 检验用于验证所有工具变量均有效；*、**、***分别代表参数估计值在10%、5%、1%水平下显著。

从表 4 - 3 可以看出, 各国汇率 $\ln(hl_t)$ 的系数估计值均显示为不完全传递, 且均在 1% 水平下显著。法国、德国、日本及英国该系数估计值分别为 -0.494、-0.456、-0.417 和 -0.457, 美国则为 -0.922。与全样本估计结果相比, 除美国外, 其他几个国家均表现出汇率更高程度的不完全传递。这是因为分样本估计中, 考虑了样本国从中国进口的高科技制造品的差异及样本期内各国汇率趋势的特点。估计结果表明, 欧元区国家法国及德国欧元兑人民币汇率均在 2006 年及 2007 年发生了结构突变, $d1\ln(hl_t)$、$d2\ln(hl_t)$ 的系数估计值均在 5% 水平下显著。日本 $d2\ln(hl_t)$ 的系数估计值在 5% 水平下显著, 表明日元兑人民币汇率在 2007 年发生结构突变, 从而验证了本书的预期。美元兑人民币汇率样本期内呈持续贬值的趋势, 因此其汇率估计值接近 -1, 表现出汇率较高程度的传递。

各国 $\ln(gdp_t)$ 的系数估计值为正, 表明各进口国国内需求与高科技制造品进口价格正相关。中国生产者价格指数 $\ln(szi_t)$ 的系数估计值为正, 表明成本与该进口产品价格存在正向效应。

AR(1) 及 AR(2) 的检验结果表明, 各国回归模型的扰动项不存在自相关。Sargan 检验结果表明, 所有工具变量均有效, 从而验证了各国回归结果的有效性及一致性。

第三节 小结

本书借鉴查尼 (2008)、Ghironi 和 Melitz (2005), 使用一个异质企业的国际贸易模型, 分析局部均衡状态下汇率对中国高科技制造品出口价格 (国外价格) 的传递情况。理论分析得出, 由于集约边际及扩展边际综合作用的结果, 汇率对该出口产品价格存在不完全传递, 传递程度依赖于两种力量的作用大小。出口国汇率贬值 (升值) 的情况下, 汇率调整的扩展边际导致的不完全传递程度较高 (低), 汇率对中国高科技制造品出口产品价格存在较低程度 (高) 的传递。在此基础上, 本书设定实证模型。使用 2004—2010 年法国、德国、日本、英国及美国从中国进口的, HS 制度下 6 位数字的高科技制造品进口数据, 分别就全样本及各国的分样本数据对实证模型进行估计。结果发现: 全样本估计中, 汇率对中国的高科技制造品出口价格存在较高程度的传递, 传递系数即该高科技制造品出口价

格对汇率的弹性为 -0.9 左右，验证了本书的理论分析。各国的分样本估计中，由于考虑到各样本国高科技制造品进口产品组成的具体特点及各国汇率在样本期内可能存在的结构突变，除美国由于美元持续贬值，致使其汇率对中国高科技制造品出口价格存在较高程度的传递外，其余四国均表现出较低程度的传递，传递系数在 -0.4——0.5 之间。

改革开放以来，中国高科技制造品的出口对促进中国经济发展、提升综合国力及国际地位，乃至科技强国战略目标的实现，均有不可低估的重要作用。虽然中国自 2005 年以来人民币兑当今世界主要货币的汇率总体呈升值趋势，但汇率对中国高科技制造品出口价格存在不完全传递，中国高科技制造品的出口在国际市场上仍具有一定的竞争优势。

第五章 结论与政策建议

第一节 主要结论

本书从产品技术含量、出口增加值含量及汇率对出口价格的传递程度三个方面，对影响中国高科技制造品出口的主要因素进行研究。在对中国高科技制造品出口产品技术含量的研究方面，首先，本书通过使用 34 个 OECD 国家及中国 1984 年到 2010 年的数据，分别计算得出 35 个样本国历年各类制造品技术含量（JFD）及各国制造品出口商品篮子技术含量（TCI）。在此基础上，对 1985—2010 年中国、日本及美国制造品 TCI 的发展趋势进行比较，发现在整个样本观测期中国制造品的 TCI 基本呈上升趋势（除去自 2008 年世界金融危机造成 TCI 的下滑趋势以外，该下滑趋势在 2009 年停止，2010 年基本恢复到上年水平），经历了长达 21 年平稳较快的增长期，而且以比美国及日本更快的速率上升。2004 年以前，中国制造品的 TCI 低于美国及日本，但 2004 年中国赶上并超过美国，与日本的差距也逐渐缩小。其次，本书对各国制造品出口商品篮子的技术含量（TCI）对制造品产出的作用，及各国各类制造品技术含量（JFD）对制造品出口的影响进行理论分析与实证检验，发现二者均存在显著的促进作用。同时，利用 2010 年全部样本国的截面数据检验得出，制造品 TCI 与人均 GDP 有正向联系，且中国制造品的 TCI 远超其人均 GDP 相应的 TCI 值，说明中国实施的这种着力发展高技术含量制造品生产与出口的产业政策与贸易模式保证了中国制造业产出的持续提高，并拉动了整个经济的长期高速增长。最后，本书对中国高科技制造品贸易发展与技术含量进行了分析，发现中国各类高科技制造品的比较优势与竞争力均获得了较大提升。在中国高科技制造品总出口中，出口份额最大的也是技术含量最高的几类产品，从而验证了上文的理论分析。中国高科技制造品出口篮子的技术含量历年来经历了持续快速增长，与发达国家的差距已大大缩小。

在从出口增加值含量角度研究影响中国高科技制造品出口的主要因素方面，本书利用中国与OECD十个主要的贸易伙伴国做样本，构建了制造品与高科技制造品区域生产分担模型。利用各国投入产出数据及双边贸易数据，分别计算了相应的双边投入产出表，测算了双边增加值贸易，得到各国双边增加值比例。在此基础上，首先，对各国双边总贸易和双边增加值贸易进行比较，发现各样本国各类制造品及高科技制造品总贸易均高估了增加值贸易。而且，使用增加值余额与总贸易余额相比，在制造品方面，韩国双边贸易逆差减少，日本双边贸易顺差增加，二者之和约等于其余样本国双边贸易顺差减少之和。在高科技制造品方面，韩国和日本双边贸易逆差减少之和，也近似与其余样本国双边贸易顺差减少之和相等。表明各样本国制造品与高科技制造品贸易存在很强的生产分担关系。

其次，对中国高科技制造品中间投入的经济效益及出口产品的增长质量进行分析，发现中国各类高科技制造品中间投入的经济效益呈递减趋势。各类高科技制造品出口产品的增长质量有较大差异。

再次，分别通过对样本国制造品与高科技制造品双边总出口增加值比例的方差及双边总出口进行分解与测算，分析引起样本国双边贸易增加值比例产生差异的原因，考察各国制造品及高科技制造品贸易中的生产分担联系。发现生产分担联系而非对各目的国出口组成的不同，是造成各国制造品与高科技制造品双边贸易增加值比例产生差异的主要原因。各国制造品与高科技制造品贸易普遍存在生产分担关系，而且，中国在亚洲生产分担枢纽的地位更加显著。通过以上分析得知，中国高科技制造品贸易增加值含量变动的主要因素是国际贸易中的生产分担联系，而各国各类产品较强的跨境生产分担关系通过中间产品贸易得以实现。

最后，对影响中国高科技制造品中间投入（零部件）贸易的决定因素展开分析。通过一个修正的引力模型，使用2000—2011年中国与美国对23个OECD国家高科技制造品零部件的贸易数据，对影响两国高科技制造品中间投入贸易的决定因素进行分析与比较。因为收入水平不同的国家，其生产分担的方式可能不同，因此将23个OECD样本国分为高收入与中低收入国家。使用全部、高收入及中低收入国家三组样本数据进行实证分析。发现，GDP、人均GDP、两国与样本国的贸易协定、亚洲虚拟变量、法律规则变量及贸易基础设施变量所有三种情况下均显著正向地促进了两国对样本国高科技制造品零部件贸易。真实汇率变量贬值促进了中美两国对样本国的出口贸易，升值则有利于进口贸易，阻碍出口贸易。中美两国与样本国距离变量对高科技制造品零部件贸易的作用差异较大。对中国而言，该变量对贸易表现了显著的负面影响，中国由于运输成本优势，往往从距离较近的亚洲国家（日本、韩国）进、出口高科技制造品零部件。特别是，中国企业首选地理距离较近的亚洲国家进口高科技制造品零部件。而对美国来说，这种负面影响则不显著。单位劳动力成本变量对两国的贸易起到了负面作用，但中美两国有明显不同。中国在对高收入国家的贸易中，该变量负向作用最大且最显著，而美国则是在对中低收入国家的贸易中，该变量负向作用最大且最显著。

在从汇率对出口价格传递程度的角度研究影响中国高科技制造品出口的主要因素方面，本书使用一个异质企业的国际贸易模型，分析局部均衡状态下汇率对中国高科技制造品出口价格的不完全传递。并对此进行实证检验，发现全样本估计中，汇率对高科技制造品进口价格存在较高程度的传递，传递系数即高科技制造品进口价格对汇率的弹性为 -0.9 左右，验证了本书的理论分析。各国的分样本估计中，由于考虑到各样本国高科技制造品进口产品组成的具体特点及各国汇率在样本期内可能存在的结构突变，除美国由于美元持续贬值，致使其汇率对高科技制造品进口价格存在较大程度的传递外，其余四国均表现出显著的较大程度的不完全传递，传递系数在 -0.4—-0.5 之间。表明，虽然中国自 2005 年以来人民币兑当今世界主要货币的汇率总体呈升值趋势，但汇率对中国高科技制造品出口价格存在不完全传递，中国高科技制造品的出口在国际市场上仍具有一定的竞争优势。

第二节　政策建议

中国从 20 世纪 80 年代以来实施的着重发展高技术含量制造品出口的贸易政策，拉动了中国经济持续快速发展。因此，中国应大力扶持高科技制造品出口。为此，应设法解决影响中国高科技制造品出口的主要因素，提高出口产品技术含量，促进中间产品贸易的发展，培养出口产品核心竞争力，将人民币升值带来的不利影响降至最低。同时，应制定合理的货币政策，使人民币浮动的频率与幅度兼顾国内产业结构调整与国际贸易发展。具体而言，应制定如下政策措施：

一　提高出口产品技术含量的政策建议

为提高中国高科技制造品出口产品技术含量，第一，在充分参与国际分工的基础上，多层面开拓 FDI 的技术外溢途径，并与自身的技术提升相结合，开发具有自主知识产权的产品，并掌握产品价值链中的高端环节。第二，政府采取一定的金融和产业政策，大力扶持高科技制造品企业，鼓励其通过技术创新提升出口产品的整体技术水平，提升中国高科技制造品的比较优势及出口竞争力。第三，在出口退税环节上，对高技术制造品实行较高的退税比例，在不降价的基础上提高其利润空间。第四，调整引资政策，提高外商直接投资质量和效益，鼓励能够提升国内产业技术水平的 FDI 的进入。第五，健全法律制度，实现知识产权的有效保护等。第六，政府与企业应该加大对研发的投入，加大对人力资本与知识资本的投入。在高新技术领域，只有保持一定比例的研究投入，才有可能及时更新技术和开发新产品，以保持和提高产品的国际竞争力。相关部门和企业应当通力合作，以高等院校和科研单位为依托，选择具有发展潜力的战略性高科技制造业出口产品，加大对其研究与开发，再通过企业将技术成果商品化、产业化，形成高效的"产、学、研"战略联盟，加快技术研究与创新的步伐。

二　促进高科技制造品中间投入贸易的政策措施

发展加工贸易，鼓励加工贸易企业转型升级是中国工业化时期不可回避的重要内容。现阶段中国加工贸易政策调整应围绕自主品牌建设为核心，引导加工贸易从最基本形式 OEM 向高级形式 ODM、OBM 进行战略转型，提升中国在全球生产价值链上的分工地位。因此，应采取以下措施：第一，建立自主品牌全方位规划的引导机制。第二，夯实加工贸易发展的产业基础。第三，加快构建加工贸易转型升级的技术创新体系等。第四，调整加工贸易税收政策，鼓励加工贸易更多地使用国产原材料和零部件，扩大中间投入品的本地比例，提高技术含量和加工深度，延长产业链条。第五，将加工贸易的发展纳入国家产业政策范畴，实行加工贸易的产业评估制度。第六，为中上游产业和高技术产业的发展提供政策支持等。第七，建立健全有利于市场经济发展的法律法规，改善促进高科技制造品中间投入贸易的基础设施建设。第八，提高劳动生产率，降低单位劳动力成本。

参考文献

［1］陈立敏、谭力文：《评价中国制造业国际竞争力的实证方法研究》，
《中国工业经济》2004 年第 5 期。

［2］陈柳钦、孙建平：《中国进出口贸易之间的总量与结构关系》，《财经
科学》2004 年第 1 期。

［3］陈晓华、黄先海、刘慧：《中国出口技术结构演进的机理与实证研
究》，《管理世界》2011 年第 3 期。

［4］陈迎、潘家华、谢来辉：《中国外贸进出口商品中的内涵能源及其政
策含义》，《经济研究》2008 年第 7 期。

［5］杜修立、王国维：《中国出口贸易的技术结构及其变迁》，《经济研
究》2007 年第 7 期。

［6］樊纲、关志雄、姚枝仲：《国际贸易结构分析：贸易品的技术分布》，
《经济研究》2006 年第 8 期。

［7］简新华、张皓：《论中国外贸增长方式的转变》，《中国工业经济》
2007 年第 8 期。

［8］江小涓：《我国出口商品结构的决定因素和变化趋势》，《经济研究》
2007 年第 5 期。

［9］金碚、吕铁、邓洲：《中国工业结构转型升级：进展、问题与趋势》，
《中国工业经济》2011 年第 2 期。

［10］金芳：《产品内国际分工及其三维分析》，《世界经济研究》2006 年
第 6 期。

［11］柯颖、王述英：《模块化生产网络：一种新产业组织形态研究》，
《中国工业经济》2007 年第 8 期。

［12］李平、王钦、贺俊、吴滨：《中国制造业可持续发展指标体系构建
及目标预测》，《中国工业经济》2010 年第 5 期。

［13］李小平、卢现祥、朱钟棣：《国际贸易、技术进步和中国工业行业

的生产率增长》,《经济学》(季刊)2008年第2期。

[14] 刘瑶:《中国制造业贸易的要素含量:中间产品贸易对测算的影响》,《经济评论》2011年第2期。

[15] 齐俊妍:《出口品技术含量和附加值视角:中国贸易比较优势与竞争力重新考察》,《现代财经》2009年第7期。

[16] 齐俊妍:《中国是否出口了更多高技术产品——基于技术含量和附加值的考察》,《世界经济研究》2008年第9期。

[17] 苏振东、周玮庆:《出口贸易结构变迁对中国经济增长的非对称影响效应研究——基于产品技术附加值分布的贸易结构》,《世界经济研究》2009年第5期。

[18] 唐海燕、张会清:《中国崛起与东亚生产网络重构》,《中国工业经济》2008年第12期。

[19] 王晋斌:《对中国经济出口导向型发展模式的思考》,《中国人民大学学报》2010年第1期。

[20] 王小明:《21世纪中国制造业的发展研究》,《财经问题研究》2003年第7期。

[21] 文东伟:《中国制造业出口贸易的技术结构分布及其国际比较》,《世界经济研究》2012年第10期。

[22] 徐颖君:《中国出口贸易能稳定增长吗——关于出口集中度和比较优势的实证分析》,《世界经济研究》2006年第8期。

[23] 闫国庆、孙琪、仲鸿生等:《我国加工贸易战略转型及政策调整》,《经济研究》2009年第5期。

[24] 杨汝岱、姚洋:《有限赶超与经济增长》,《经济研究》2008年第8期。

[25] 杨汝岱、朱诗娥:《中国对外贸易结构与竞争力研究:1978—2006》,《财贸经济》2008年第2期。

[26] 张晖明、丁娟:《美国企业技术战略联盟发展新动向与启示》,《世界经济研究》2006年第8期。

[27] 张燕、陈漓高:《从对外贸易角度看中国产业升级的路径——基于投入产出法的实证分析》,《世界经济研究》2007年第12期。

[28] 赵晓晨:《利用加工贸易技术扩散优化出口商品结构研究》,《财贸研究》2006年第4期。

[29] 祝树金、戢璇、傅晓岚:《出口品技术水平的决定性因素:来自跨国面板数据的证据》,《世界经济》2010 年第 4 期。

[30] Anderson, J. E., and van Wincoop, E., " Trade Costs" . *Journal of Economic Literature*, Vol. 42, No. 3, 2004, p. 691.

[31] Anderson, J. E., and Marcouiller, D., "Insecurity and the Pattern of Trade: An Empirical Investigation" . *The Review of Economics and Statistics*, Vol. 84, No. 2, 2002, p. 342.

[32] Anderson, James and Yoto V. Yotov, " The Changing Incidence of Geography" . *American Economic Review*, Vol. 100, No. 5, 2010, p. 2157.

[33] Anderson, James E. , "A Theoretical Foundation for the Gravity Equation" . *American Economic Review*, No. 69, 1979, p. 10.

[34] Anderson, James E., and Eric van Wincoop, "Gravity with Gravitas: A Solution to the Border Puzzle" . *NBER Working Paper* No. 8079, 2001.

[35] Ando, Mitsuyo and Fukunari Kimura, "Fragmentation in East Asia: Further Evidence" . *ERIA Discussion Paper Series*, DP – 2009 – 20, 2009.

[36] Ansgar Belke and Lars Wang, "The Degree of Openness to Intra – Regional Trade Towards Value – Added Based Openness Measures" . *Journal of Economics and Statistics (Jahrbuecher Fuer Nationaloekonomie und Statistik)*, Vol. 226, No. 2, 2006, p. 115.

[37] Ariel Burstein , Martin Eichenbaum and Sergio Rebelo, "The Importance of Nontradable Goods' Prices in Cyclical Real Exchange Rate Fluctuations" . *NBER Working Papers*, No. 11699, 2005.

[38] Ascari, G. , and Di Cosmo, V. , " Determination of Total Factor Productivity in Italian Regions" . *Working Paper*, No. 170, 2004.

[39] Athukorala, P. , and N. Yamashita, "Production Fragmentation and Trade Integration: East Asia in a Global Context" . *The North American Journal of Economics and Finance*, Vol. 17, No. 3, 2006, p. 233.

[40] Athukorala, P. , "Exchange Rate Pass – Through: The Case of Korean Exports of Manufactures", *Economics Letters*, No. 35, 1991, p. 79.

[41] Athukorala, P. , "Product Fragmentation and Trade Patterns in East Asia" . *Asian Economic Paper*, Vol. 4, No. 3, 2005, p, 1.

[42] Athukorala, Premachandra and Menon, Jayant, "Pricing to Market Be-

haviour and Exchange Rate Pass – Through in Japanese Exports". *Economic Journal*, Vol. 104, No. 423, 1994, p. 271.

[43] Balassa, Bela, "Tariff Reductions and Trade in Manufacturers among the Industrial Countries". *American Economic Review*, Vol. 56, No. 3, 1966, p. 466.

[44] Baldone, S., Sdogati, F., and Tajoli, L., "Patterns and Determinants of International Fragmentation of Production: Evidence from Outward Processing Trade between the EU and Central Eastern European Countries". *Weltwirtschaftliches Archiv*, Vol. 137, No. 1, 2001, p. 80.

[45] Baldone, Salvatore, Fabio Sdogati and Lucia Tajoli, "On Some Effects of International Fragmentation of Production on Comparative Advantages, Trade Flows and the Income of Countries". *The World Economy*, Vol. 30, No. 11, 2007, p. 1726.

[46] Baldwin, R., and Taglioni, D., "Gravity Chains: Estimating Bilateral Trade Flows When Parts and Components is Important". *NBER working paper*, No. 16672, 2011.

[47] Baldwin, Richard, "21st Century Regionalism: Filling the Gap between 21st Century Trade and 20th Century Trade Governance". *CEPR Policy Insigt*, No. 56, 2011.

[48] Baldwin, Richard, "Managing the Noodle Bowl: The Fragility of East Asian Regionalism". *The Singapore Economic Review*, Vol. 53, No. 3, 2008, p. 449.

[49] Banerjee, A., and Russell, B., "The Relationship between the Markup and Inflation in the G7 Economies and Australia". *Review of Economics and Statistics*, No. 83, 2001, p. 377.

[50] Banik, Nilanjan and Biswas, Basudeb, "Exchange Rate Pass – Through in the U. S. Automobile Market: A Cointegration Approach". *International Review of Economics & Finance*, Vol. 16, No. 2, 2007, p. 223.

[51] Barhoumi, Karim, "Differences in Long Run Exchange Rate Pass – Through into Import Prices in Developing Countries: An Empirical Investigation". *Economic Modelling*, Vol. 23, No. 6, 2006, p. 926.

[52] Bems, Rudolfs, Johnson, Robert C., Yi, Kei – Mu, "Demand Spillo-

vers and the Collapse of Trade in the Global Recession". *IMF Economic Review*, Vol. 58, No. 2, 2010, p. 295.

[53] Bergin, P. R., and Feenstra, R. C., "Pass – Through of Exchange Rates and Competition between Floaters and Fixers". *NBER Working Paper* No. 13620, 2007.

[54] Bergstrand, Jeffrey, "The Gravity Equation in International Trade: Some Microeconomic Foundations and Empirical Evidence". *Review of Economics and Statistics*, Vol. 67, No. 3, 1985, p. 474.

[55] Berthelon, Matias, and Caroline Freund, "On the Conservation of Distance in International Trade". *Journal of International Economics*, Vol. 75, No. 2, 2008, p. 310.

[56] Betts, Caroline and Devereux, Michael B., "The Exchange Rate in a Model of Pricing – to – Market". *European Economic Review*, Vol. 40, No. 3 – 5, 1996, p. 1007.

[57] Bleaney, M. F., "Invoicing – Currency Effects in the Pricing of Japanese Exports of Manufactures". *Canadian Journal of Economics*, No. 30, 1997, p. 968.

[58] Brissimis, Sophocles N. and Kosma, Theodora S., "Market Power and Exchange Rate Pass – Through". *International Review of Economics & Finance*, Vol. 16, No. 2, 2007, p. 202.

[59] Brun, Jean – Franzois, Céline Carrère, Patrick Guillaumont and Jaime de Melo, "Has Distance Died? Evidence from a Panel Gravity Model". *World Bank Economic Review*, Vol. 19, No. 1, 2005, p. 99.

[60] Burstein, Ariel, Christopher Kurz, and Linda Tesar, "Trade, Production Sharing, and the International Transmission of Business Cycles". *Journal of Monetary Economics*, Vol. 55, No. 4, 2008, p. 775.

[61] Ca' Zorzi, M., Hahn, E., and Sánchez, M., "Exchange Rate Pass – Through in Emerging Markets". *ECB Working Paper Series*, No. 739, 2007.

[62] Campa, J. M., and Goldberg, L. S., "Exchange Rate Pass – Through into Import Prices". *Review of Economics and Statistics*, No. 87, 2005, p. 679.

[63] Campa, Jose Manuel and Gonzalez Minguez, Jose M., "Differences in Exchange Rate Pass - Through in the Euro Area". *European Economic Review*, Vol. 50, No. 1, 2006, p. 121.

[64] Carmen López - Pueyo, Sara Barcenilla - Visús, Jaime Sanaú, "International R&D Spillovers and Manufacturing Productivity: A panel Data Analysis". *Structural Change and Economic Dynamics*, Vol. 19, No. 2, 2008, p. 152.

[65] Charles I. Jones, "Sources of U. S. Economic Growth in a World of Ideas". *The American Economic Review*, Vol. 92, No. 1, 2002, p. 220.

[66] Choudhri, E. U., and Hakura, D. S., "Exchange Rate Pass - Through to Domestic Prices: Does the Inflationary Environment Matter?". *Journal of International Money and Finance*, No. 25, 2006, p. 614.

[67] Choudhri, E. U., Faruqee, H., and Hakura, D. S., "Explaining the Exchange Rate Pass - Through in Different Prices". *Journal of International Economics*, No. 65, 2005, p. 349.

[68] Chyau Tuan, Linda F. Y. Ng, Bo Zhao, "China's Post - Economic Reform Growth: The Role of FDI and Productivity Progress". *Journal of Asian Economics*, Vol. 20, No. 3, 2009, p. 280.

[69] Coe, D., A. Subramanian and N. Tamirisa, "The Missing Globalization Puzzle: Evidence of the Declining Importance of Distance". *IMF Staff Papers*, Vol. 1, No. 54, 2007, p. 34.

[70] Coe, D. T. and Helpman, E., "International R&D Spillovers". *European Economic Review*, No. 39, 1995, p. 859.

[71] Costinot, Arnaud, Jonathan, Vogel, Wang, Su, "An Elementary Theory of Global Supply Chains". *NBER Working Paper*, No. 16936, 2011.

[72] Costinot, Arnaud, "An Elementary Theory of Comparative Advantage". *Econometrica*, Vol. 77, No. 4, 2009, p. 1165.

[73] Dean, Judith, M., Fung, K. C., and Wang, Zhi, "Measuring the vertical specialization in Chinese trade". *USITC Office of Economics Working Paper*, No. 2007 - 01 - A, 2007.

[74] Dean, Judith, Mary Lovely, and Jesse Mora, "Decomposing China - Japan - U. S. Trade: Vertical Specialization, Ownership, and Organiza-

tional Form". *Journal of Asian Economics*, Vol. 20, No. 6, 2009, p. 596.

[75] Deardorf, Alan V., "Fragmentation in Simple Trade Models". *The North American Journal of Economics and Finance*, Vol. 12, No. 2, 2001, p. 121.

[76] Djankov, S., Freund, C., and Pham, C. S., "Trading on Time". *World Bank Policy Research Working Paper*, No. 3909, 2006.

[77] Egger, H., and Egger, P., "Outsourcing and Skill – Specific Employment in a Small Country: Australia after the Fall of the Iron Curtain". *Oxford Economy Papers*, Vol. 55, No. 4, 2003, p. 625.

[78] Egger, H., and Egger, P., "The Determinants of EU Processing Trade". *The World Economy*, Vol. 28, No. 2, 2005, p. 147.

[79] Eichengreen, B., and Irwin, D. A., "Trade Blocs, Currency Blocs and the Reorientation of World Trade in the 1930s". *Journal of International Economics*, Vol. 38, No. 1 – 2, 1995, p. 1.

[80] Estevadeordal, A., Frantz, B., and Taylor, A. M., "The Rise and Fall of World Trade, 1870 – 1939". *The Quarterly Journal of Economics*, Vol. 118, No. 2, 2003, p. 359.

[81] Evenett, Simon J., Keller, Wolfgang, "On Theories Explaining the Success of the Gravity Equation". *National Bureau of Economic Research Working Paper*, No. 6529, 1998.

[82] Evis Sinani, Klaus E. Meyer, "Spillovers of Technology Transfer from FDI: the Case of Estonia". *Journal of Comparative Economics*, Vol. 32, No. 3, 2004, p. 445.

[83] Fabio Ghironi and Marc J. Melitz, "International Trade and Macroeconomic Dynamics with Heterogeneous Firms". *The Quarterly Journal of Economics*, Vol. 120, No. 3, 2005, p. 865.

[84] Faruqee, H., "Exchange Rate Pass – Through in the Euro Area". *IMF Staff Papers*, No. 53, 2006, p. 63.

[85] Feenstra, Robert C., "Symmetric Pass – Through of Tariffs and Exchange Rates Under Imperfect Competition: An Empirical Test". *Journal of International Economics*, Vol. 27, No. 1 – 2, 1989, p. 25.

[86] Feenstra, Robert C., "The Integration of Trade and the Disintegration of

Production". *Journal of Economic Perspectives*, Vol. 12, No. 4, 1998, p. 31.

[87] Feenstra, Robert C., James R. Markusen and Andrew K. Rose, "Understanding the Home Market Effect and the Gravity Equation: The Role of Differentiating Goods". *National Bureau of Economic Research Working Paper*, No. 6804, 2001.

[88] Flam, Harry and Elhanan Helpman, "Vertical Product Differentiation and North – South Trade". *American Economic Review*, Vol. 77, No. 5, 1987, p. 810.

[89] Frankel, J., Parsley, D., and Wei, S., "Slow Pass – Through around the World: a New Import for Developing Countries?". *NBER Working Paper*, No. 11199, 2005.

[90] Froot, Kenneth A and Klemperer, Paul D., "Exchange Rate Pass – Through When Market Share Matters". *American Economic Review*, Vol. 79, No. 4, 1989, p. 637.

[91] Fukao, K., Ishido, H., and Ito, K., "Vertical Intra – Industry Trade and Foreign Direct Investment in East Asia". *Jounral of the Japanese and International Economies*, Vol. 17, No. 4, 2003, p. 468.

[92] Gabriele Pellegrino, Mariacristina Piva, Marco Vivarelli, "Young Firms and Innovation: A microeconometric Analysis". *Structural Change and Economic Dynamics*, In Press, Corrected Proof, Available online 17 October 2011.

[93] Gagnon, J. E., and Ihrig, J., "Monetary Policy and Exchange Rate Pass – Through". *International Journal of Finance & Economics*, No. 9, 2004, p. 315.

[94] Gagnon, Joseph E. and Knetter, Michael M., "Markup Adjustment and Exchange Rate Fluctuations: Evidence from Panel Data on Automobile Exports". *Journal of International Money and Finance*, Vol. 14, No. 2, 1995, p. 289.

[95] Ghosh, A., and Rajan, R. S., "How High is Exchange Rate Pass – Through in India? Has it Changed Over Time?". *Journal of International Trade and Economic Development*, Vol. 16, No. 3, 2007, p. 373.

[96] Goldberg, Linda S. , " Exchange Rate Rregime Reforms with Black Market Leakages" . *Journal of Development Economics*, Vol. 48, No. 1, 1995, p. 167.

[97] Goldberg, P. K. , and M. Knetter, "Goods Prices and Exchange Rates: What Have We Learned?" . *Journal of Economic Literature*, Vol. 35, No. 3, 1997, p. 1243.

[98] Gorg, H. , "Fragmentation and Trade: US Inward Processing Trade in the EU" . *Weltwirtschaftliches Archiv*, Vol. 136, No. 3, 2000, p. 403.

[99] Grossman, G. M. , and Helpman, E. , "Outsourcing in a Global Economy" . *Review of Economic Studies*, Vol. 72, No. 1, 2005, p. 135.

[100] Grossman, Gene M. and Esteban Rossi – Hansberg, "Trading Tasks: A Simple Theory of Offshoring" . *American Economic Review*, Vol. 98, No. 5, 2008, p. 1978.

[101] Halpern, L. , and Koren, M. , "Pricing to Firm: An Analysis of Firm – and Product – Level Import Prices" . *Review of International Economics*, No. 15, 2007, p. 574.

[102] Hanson, Gordon H. and Chong Xiang, "The Home – Market Effect and Bilateral Trade Patterns" . *NBER Working Paper*, No. 9076, 2002.

[103] Hanson, Gordon H. , Mataloni, Raymond J. , Slaughter, Matthew J. , "Vertical Production Networks in Multinational Firms" . *The Review of Economics and Statistics*, Vol. 87, No. 4, 2005, p. 664.

[104] Harrigan, James, "Openness to Trade in Manufactures in the OECD" . *Journal of International Economics*, Vol. 40, No. 1 – 2, 1996, p. 23.

[105] Hausmann, R. , Hwang, J. and Rodrik, D. , "What You Export Matters" . *Journal of Economic Growth*, No. 12, 2007, p. 1.

[106] Helleiner, G. K. , "Manufacturing Exports from Less Developed Countries and Multinational Firms" . *Economic Journal*, Vol. 83, No. 329, 1973, p. 21.

[107] Hertel, Thomas W. , Terrie Walmsley and Ken Itakura, "Dynamic Effect of the "New Age" Free Trade Agreement between Japan and Singapore" . *Journal of Economic Integration*, Vol. 16, No. 4, 2001, p. 446.

[108] Hummels, David L. , Dana Rappoport, and Kei – Mu Yi, " Vertical

Specialization and the Changing Nature of World Trade". *Economic Policy Review*, No. 6, 1998, p. 79.

[109] Hummels, David, Ishii, Jun, Yi, Kei – Mu, "The nature and growth of vertical specialization in world trade". *Journal of International Economics*, No. 54, 2001, p. 75.

[110] Isard, Walter, "Interregional and Regional Input – Output Analysis: a Model of a Space – Economy". *The Review of Economics and Statistics*, No. 33, 1951, p. 318.

[111] Jean Imbs, Haroon Mumtaz, Morten Ravn and Hélène Rey, "PPP Strikes Back: Aggregation and the Real Exchange Rate". *The Quarterly Journal of Economics*, Vol. 120, No. 1, 2005, p. 1.

[112] Jones, R., Kierzkowski, H., and Chen, L., "What does Evidence Tell us about Fragmentation and Outsourcing?". *International Review of Economics and Finance*, Vol. 14, No. 3, 2004, p. 305.

[113] Kardasz, S. W., and Stollery, K. R., "Exchange Rate Pass – Through and Its Determinants in Canadian Manufacturing Industries". *Canadian Journal of Economics*, No. 34, 2001, p. 719.

[114] Kaufmann, D., Kraay, A., and Mastruzzi, M., "Governance Matters VI: Aggregate and Individual Governance Indicators, 1996 – 2006". *World Bank Policy Research Working Paper*, No. 4280, 2007.

[115] Knetter, M., "Is Export Price Adjustment Asymmetric?: Evaluating the Market Share and Marketing Bottlenecks Hypotheses". *Journal of International Money and Finance*, No. 13, 1994, p. 55.

[116] Koopman, Robert, Powers, William, Wang, Zhi and Wei, Shang – Jin, "Give Credit Where Credit Is Due: Tracing Value Added in Global Production Chains". *NBER Working Paper*, No. 16426, 2010.

[117] Lee, J., "The Response of Exchange Rate Pass – Tthrough to Market Concentration in a Small Economy: The Evidence from Korea". *Review of Economics and Statistics*, No. 79, 1997, p. 142.

[118] Levchenko, A. A., "Institutional Quality and International Trade". *Review of Economic Studies*, Vol. 74, No. 3, 2008, p. 791.

[119] Limao, N., and Venables, A., "Infrastructure, Geographical Disad-

vantage, Transport Costs and Trade". *World Bank Economic Review*, No. 15, 2001, p. 451.

[120] M. J. Herrerias, Vicente Orts, "Imports and Growth in China", *Economic Modelling*, Vol. 28, No. 6, 2011, p. 2811.

[121] Maurer, Andreas and Christophe Degain, "Globalization and Trade Flows: What You See is Not What You Get!". *Staff Working Paper ERSD* – 2010 – 12, 2010, World Trade Organization.

[122] Micco, Alejandro, Clark, Ximena and David Dollar, "Maritime Transport Costs and Port Efficiency". *World Bank Working Paper Series*, No. 2781, 2002.

[123] Miller, Ronald, "Interregional Feedback Effects in Input – Output Models: Some Preliminary Results". *Papers in Regional Science*, Vol. 17, No. 1, 1966, p. 105.

[124] Miroudot, Sebastien, Alexandros, Ragoussis, "Vertical Trade, Trade Costs and FDI". *OECD Trade Policy Working Paper*, No. 89, 2009.

[125] Moses, Leon, "General Equilibrium Model of Production, Interregional Trade, and Location of Industry". *The Review of Economics and Statistics*, No. 42, 1960, p. 373.

[126] Moses, Leon, "The Stability of Interregional Trading Patterns and Input – Output Analysis". *The American Economic Review*, No. 45, 1955, p. 803.

[127] Nag, Biswajit, Saikat Banerjee, and Rittwik Chatterjee, "Changing Features of the Automobile Industry in Asia". *Working Paper Series*, No. 37, 2007. Asia – Pacific Research and Training Network on Trade.

[128] Naug, B., and Nymoen, R., "Pricing to Market in a Small Open Economy". *Scandinavian Journal of Economics*, No. 98, 1996, p. 329.

[129] Nicita, A. and Olarreaga, M., "Trade, Production, and Protection Database, 1976 – 2004", *The World Bank Economic Review*, Vol. 21, No. 1, 2007, p. 1.

[130] Nunn, N., "Relationship – Specificity, Incomplete Contracts, and the Pattern of Trade". *The Quarterly Journal of Economics*, Vol. 122, No. 2, 2007, p. 2569.

[131] Parsley, D., "Exchange Rate Pass – Through: Evidence from Aggregate

Japanese Exports". *Southern Economic Journal*, No. 60, 1993, p. 454.

[132] Paul Krugman, "Price to Market When the Exchange Rate Changes". *NBER Working Paper Series*, No. 1926, 1986.

[133] Powers, William, Zhi Wang and Shang – Jin Wei, "Value Chains in East Asian Production Networks – An International Input – output Model Based Analysis". *USTIC Working Paper*, No. 2009 – 10 – C, 2009.

[134] Raffaello Bronzini, Paolo Piselli, "Determinants of Long – Run Regional Productivity with Geographical Spillovers – The role of R&D, Human Capital and Public Infrastructure". *Regional Science and Urban Economics*, Vol. 39, No. 2, 2009, p. 187.

[135] Reimer, Jeffrey, "Global Production Sharing and Trade in the Services of Factors". *Journal of International Economics*, No. 68, 2006, P. 384.

[136] Renuka Mahadevan, Sangho Kim, "Is Output Growth of Korean Manufacturing Firms Productivity – Driven?". *Journal of Asian Economics*, Vol. 14, No. 4, 2003, p. 669.

[137] Reyes, J. , "Exchange Rate Pass Through Effects and Inflation Targeting in Emerging Economies: What is the Relationship?". *Review of International Economics*, No. 15, 2007, p. 538.

[138] Rodrik, D. , "What Is So Special about China's Exports?". *China and the World Economy*, No. 14, 2006, P. 1.

[139] Sanyal, Kalyan K. , "Vertical Specialization in a Ricardian Model with a Continuum of Stages of Production". *Economica*, Vol. 50, No. 197, 1983, p. 71.

[140] Sasaki, Y. N. , "Pricing – to – Market Behavior: Japanese Exports to the US, Asia, and the EU". *Review of International Economics*, No. 10, 2002, p. 140.

[141] Soloaga, I. , and Winters, A. , "Regionalism in the Nineties: What Effect on Trade?". *North American Journal of Economics and Finance*, No. 12, 2001, p. 1.

[142] Staffan Burenstam Linder, *An Essay on Trade and Transformation.* Wiley, 1961, p. 50.

[143] Sturgeon, T. J. , "What Really Goes on in Silicon Valley? Spatial Clus-

tering and Dispersal in Modular Production Networks". *Journal of Economic Geography*, No. 3, 2003, p. 199.

[144] Swenson, D. L., "Overseas Assembly and Country Sourcing Choices". *Journal of International Economics*, Vol. 66, No. 1, 2005, p. 107.

[145] Swenson, D. L., "Competition and the Location of Overseas Assembly". *Canadian Journal of Economics*, Vol. 40, No. 1, 2007, p. 155.

[146] Tange, T., "Exchange Rates and Export Prices of Japanese Manufacturing". *Journal of Policy Modeling*, No. 19, 1997, p. 195.

[147] Taylor, J. B., "Low Inflation, Pass – Through, and the Pricing Power of Firms". *European Economic Review*, No. 44, 2000, p. 1389.

[148] Thijsten Raa, Edward N. Wolff, "Engines of Growth in the US Economy". *Structural Change and Economic Dynamics*, Vol. 11, No. 4, 2000, p. 473.

[149] Tomiura, E., "Foreign Outsourcing and Firm – Level Characteristics: Evidence from Japanese Manufactures". *Journal of the Japanese and International Economies*, Vol. 19, No. 2, 2005, p. 255.

[150] Trefler, Daniel, Zhu, Susan Chun, "The Structure of Factor Content Predictions". *Journal of International Economics*, No. 82, 2010, p. 195.

[151] Wilson, J. S., Mann, C. L., and Otsuki, T., "Trade Facilitation and Economic Development: Measuring the Impact". *World Bank Working Paper Series*, No. 2988, 2003.

[152] Xiaohui Liu, Chenggang Wang, "Does Foreign Direct Investment Facilitate Technological Progress?: Evidence from Chinese Industries". *Research Policy*, Vol. 32, No. 6, 2003, p. 945.

[153] Yang, J., "Exchange Rate Pass – Through in the US Market: A Cross – Country, Cross – Product Investigation". *International Review of Economics and Finance*, Vol. 4, No. 4, 2008, p. 353.

[154] Yang, J., "Exchange Rate Pass – Through in US Manufacturing Industries". *Review of Economics and Statistics*, No. 79, 1997, p. 95.

[155] Yang, Y., and Hwang, M., "Price Behaviour in Korean Manufacturing". *Review of Economics and Statistics*, No. 76, 1994, p. 461.

[156] Yasuba, Y., "Freight Rates and Productivity in Ocean Transportation

for Japan, 1875 – 1943". *Explorations in Economic History*, Vol. 15, No. 1, 1978, p. 11.

[157] Yi, Kei – Mu, "Can Vertical Specialization Explain the Growth of World Trade?". *Journal of Political Economy*, Vol. 111, No. 1, 2003, p. 52.

[158] Yi, Kei – Mu, "Can Multi – Stage Production Explain the Home Bias in Trade?". *American Economic Review*, Vol. 100, No. 1, 2010, p. 364.

[159] Zhang, Kai Sun, Michael S. Delgado, Subal C. Kumbhakar, "Productivity in China's High Technology Industry: Regional Heterogeneity and R&D". *Technological Forecasting and Social Change*, Vol. 79, No. 1, 2012, p. 127.